人文武术精品书系

勿使前辈之遗珍失于我手
勿使国术之精神止于我身

陈鑫／著
王海洲／藏

光緒戊申陳鑫抄本

太極拳图譜

太極拳圖畫講義

北京科学技术出版社

图书在版编目（CIP）数据

太极拳图谱：光绪戊申陈鑫抄本 / 陈鑫著. — 北京：北京科学技术出版社, 2020.8
ISBN 978-7-5714-0293-8

Ⅰ. ①太… Ⅱ. ①陈… Ⅲ. ①太极拳 – 图解 Ⅳ. ①G852.11-64

中国版本图书馆 CIP 数据核字（2019）第 091395 号

太极拳图谱（光绪戊申陈鑫抄本）

作　　者：陈　鑫
收 藏 者：王海洲
策划编辑：王跃平
责任编辑：苑博洋
责任校对：贾　荣
责任印制：张　良
封面设计：何　瑛
版式设计：王跃平
出 版 人：曾庆宇
出版发行：北京科学技术出版社
社　　址：北京西直门南大街 16 号
邮政编码：100035
电话传真：0086-10-66135495（总编室）
0086-10-66113227（发行部）　0086-10-66161952（发行部传真）
电子信箱：bjkj@bjkjpress.com
网　　址：www.bkydw.cn
经　　销：新华书店
印　　刷：北京盛通印刷股份有限公司
开　　本：880mm × 1230mm　1/16
字　　数：110 千字
印　　张：21.25
插　　页：4
版　　次：2020 年 8 月第 1 版
印　　次：2020 年 8 月第 1 次印刷
ISBN 978-7-5714-0293-8

定　价：235.00 元

古书重光　代序

我自幼酷爱武术，一生苦练赵堡太极拳，一九九一年成为『十三太极名家』之一，先后任温县太极拳年会副秘书长、特聘专家等职，在全国主持筹建了二十五个赵堡太极拳协会，出版了十余部太极拳专著。

现今，年迈归家，仍以探求太极拳理、拳法、拳功为己任，日夜揣摩，时时研悟，探索不辍。

一日在翻阅藏书时，忽见我在二十世纪八十年代初，于赵堡太极拳第八代先师任长春先生后裔手中得赠的《太极拳图谱》抄本，不胜惊喜。连日来细心拜读，审视研判，感悟良多。

第一，这本《太极拳图谱》是一九〇八年（光绪戊申年）陈鑫先生的手抄本，于一九一六年（丙辰年）由陈鑫亲订，后又增订多篇民国初年的序跋，这从抄本中的不同笔迹亦可得见，具有极其重要的考证价值。

第二，从陈鑫先生的自序和十几篇序跋中，可清晰地感知陈鑫先生孜孜以求，传承陈式太极拳的严谨治学精神和不屈于命运的进取意志。

第三，当今太极拳界尚未见有其他如此古老而完整的陈式太极拳手抄本，若我不慎私藏于柜箧，岂不有负陈鑫老先生和太极拳同道？因此，我决计公开此手抄本，使其重光，献宝于当世，以飨后人！

谨以此为序。

赵堡太极拳　王海洲

二〇一七年三月十六日

凡例

一　本书简体字部分的编辑方式，以方便读者阅读理解，减少阅读困难为原则。

二　原谱中明显的讹误及衍倒之处，编者采用径改方式，不再出注释，尽量使读者阅读顺畅。

三　原谱中有缺字现象，可根据前后文补上的，编者即直接补上，不再出注释，不能补充的以⧄表示。

四　原谱中使用多种同义通假字、异体字的情况，为使读者阅读方便，统一径改为一个现在常用字。

五　原谱中涉及武术专属术语的文字，为保留行文原意，保留原字不予改动。

六　原谱中无法识别的手写文字，以▲表示。

七　原谱断句有误之处，编者采用径改方式，不再出注释。为方便读者理解，并尽可能避免曲解原意，本书统一采用句圈断句。

宣統戊申冬十月新

太極拳图譜

丙辰年正月訂

金部

卷四

太極拳圖畫講義

晴浦

陳氏家乘

温邑陳鍌著

新著頮

温邑陳劉劉

温邑陳鑫品三著

温邑陳鑫品三著

姪 雪元 春元 編次

太極拳圖畫講義敘

天地之道陰陽而已人身亦然顧人身之陰陽往往不得其
則血氣滯而疾病生故鍊氣之術尚焉中國拳術流傳已久然
皆習為武技其中精義曹然不講即有略知一二者或珍秘不以
示人殊為憾事品三陳先生英義先生之哲嗣夙精拳術一十
深學理積數十年之心得著太極拳講義一書已已初夏榮校
遥余鬚鬢飄然年已八十有一矣弁言屬余受而讀之
拳術之屈伸開合即陰陽闔闢之理反覆申明不厭

發前人之所未發方今提倡國術[illegible]以教士若得此書

將見事半功倍一日千里其裨益豈淺鮮哉先生此書拳

停勻蓋即動靜交相養陰陽得其平之精義也余學[illegible]

未能窺測奧妙謹抒管見待質諸高明

中華民國十八年五月 杜嚴敬識

太極拳序

虛無主靜　細心揣摸　求得當來脈重每日練

品三誌

太極拳志序

自來有文事者必有武備武備之傳首重拳法昔之拳法僉以少林寺為宗千喙同聲向無異說嗟乎孰知拳法之精妙莫踰於陳溝乎少林為強硬派肆其蠻力固可衝鋒禦武然變化生硬殊涉形氣之粗若陳則不剛不柔適得其中如宜僚之弄丸穩敬德之避矟公孫大娘之舞劍器渾脫習為熟焉五官百骸通體皆是嘗言睡夢中有人以鋒刃加己冥

不知躲避然鋒將及膚之毫毛而刃自滾去一斫一〻
斫百滾而軒騰者若罔覺焉此太極拳精妙甲於
天下也和咸豐三年髮逆竄溫賊渠魁中有大頭
王者軀偉高六尺許腰大數圍如昆陽巨無霸嘗
挾銅砲攻城一躍登陴所到無不破敗時莫敢先
率子侄族衆等與該匪戰於黃河灘誘入溝中先
生以單手出槍斃之從奉上憲札帶鄉勇剿洗白龍王
廟餘黨助官軍克復州亳州及蒙城阜陽又禦長槍

會於木樂店種種戰功不可枚舉大用顯著者也我友陳凡品三英義先生之哲嗣也承英義先生之家學謂先大人六十年汗血辛劬獨闢精詣而鑫以二十年繼述心摹手繪訂為四卷載在陳氏家乘今特拔出另成一部誠恐久而掩沒囑余叙其顛末余再四翻閱見所列節解引蒙內精取象及經譜各圖論著為六十四勢喟然曰此不朽盛業也夫綴以歌詞得詩之意訓以儀式符禮之經至開合運動悉本全部之易天下有道上献是書可備頗牧之程式時至叔季

榛荊塞路出門可賈餘勇不但此也
朝廷儻設勇爵則樹幟以立邊功以拳法誨子弟永永
可衛身家鄉里豈不懿哉

大中華民國九年庚申中秋佳節撰於河朔中學堂

同邑行年七十五歲舉人筱艇甫鄭濟川敬識

太極拳序

拳法者古兵之支流漢書藝文志所謂技巧者是也志列手搏六篇蹵鞠二十五篇劍道三十八篇其書不傳未知所言視今拳法何如然其習手足便器械積機關之勝安見今必異於古所云耶溫縣陳氏世以拳名河南咸豐癸丑五月有草寇數十萬衆自鞏渡河窠溫南河干柳林中李文清公率民團御之未遇賊即敗走陳英義先生與弟季甡與賊對壘交鋒英義先生匹馬單鎗直入萬馬軍中如入無人之境單手出鎗取

酋首如探囊取物其弟季甡亦殺偽指揮數人賊是由奪氣遂移懷慶由山遁至今父老談英義殺敵事猶眉飛色舞口角流沫津津不置大河南北諸省言拳法者必曰陳溝陳氏云歲乙卯吾徵中州文獻得陳氏家乘既采其事列義行傳越辛酉哲嗣品三介吾友王子所述家傳太極拳法圖譜四卷索序其書以易為經以禮為緯出入乎黃老而一貫之以敬內外交養深有合於儒家身心性命之學不徒以進退擊刺陽開陰合示變化無窮之妙如古兵家所言蓋技也進乎道矣自火器日出

殺人之具益工匹夫手持寸鐵狙擊人於數里之外當者輒糜
拳法與遇頓失功能淺者遂以為無用輒棄之其術至今不振
夫拳法用以禦武制敵特其粗迹耳而因其粗之稍絀遂廢其
精者於以歎吾國民輕棄所長日失其故步為可傷也向使
我中華民國人人演習衛身衛國無在不有其益我國強
勝猶可立待豈不快哉
大中華民國十年小陽月中州汲邑翰林文獻輯
直筆敏修李時燦敬誌上

太極拳圖畫講義序

溫邑茂才陳品三君述其先世所傳太極拳法著為圖畫講義書成持以示余且屬為之序余曰盲者無以與於采色之觀聾者無以與於聲音之妙余於此道為門外漢何足以贊一辭而君再三諈諉若以余為過謙者余受而閱之其推本河洛以溯其源叅考内經以演其流者雖不能深曉然所採多先儒成説尚可畧知大意至其言拳之處分節分勢承接轉換

一氣貫輸雖繪圖附說詳為指示而其中陰陽開闔
變化不窮之妙非身入其中者茫然不能解也雖然
君家之拳法雖不能解而君家拳法之實用莫如咸
豐三年斃粵匪强悍酋首一事及帶鄉勇隨營克復
陳亳六安蒙城阜陽等州縣城久已遠邇藍稱至今
猶嘖嘖人口是固確有可傳者也抑余更有進者技
術之家秘莫如深其非子弟及其私愛不肯輕以告
人即告亦不肯盡其底蘊者往往而是今君以累世

家傳一一著之於書並顯之以圖反覆諄諄若恐惟人之不解不足效用於當世者其用心之公為何如乎余固樂為序之至其拳法之精妙則余為門外漢終不敢贊一辭也

旹

大中華民國九年庚申武陟進士臣事偉臣王仕傑敬叙

太極拳序

品三作 文藻正之

拳以太極名古人必有以深明太極之理而後於全體上下左右前後以手足旋轉運動發明太極之蘊立名立勢定為成憲義至精焉法至密焉學者事不師古不流於狂即失於妄即不然涉於偏倚而求一至當却好者以與太極之理相脗合蓋亦戛戛乎其難矣吾思古之神聖能發明太極之理者莫若庖羲氏夏后氏河圖洛書有明證也惜乎余之學識淺未能窺其蘊奥且其書最精深闡發者未能道破一

語吾表弟品三本易經著太極拳圖畫講義極其詳細而又特於義經所著陰陽錯綜變化與神禹之所傳之五行之相生相剋者不少背謬然所取者或以卦名或以爻辭或以五行生剋之理近取諸身遠取諸物引其近似引為佐證非若咸同文字徒以之濫浮淺者取古人糟粕強為附會雖然古人言語包括宏富之初非為拳而設亦若為拳而設隨意拾取無不相宜此亦足見太極之理精妙活潑而萬事萬物舉莫能外即用之者亦無不各因其事悉如其意以相償且任

天下紛紜繁賾萬殊胥歸一本妙何如也後之人苟無棄圖譜
即委溯源未始無補於身心性命之學雖曰拳為小技而太極
之大道存焉處今之世拳之有關於國家者大宜留心焉咸
豐癸丑五月二十三日事載在中州文獻輯義行傳中在在可
考此英義先生將太極拳實用於家國者焉讀是書者細玩
深思自得其趣照圖演習日久功深又得其理拳之益人大矣哉
大中華民國十年八月朔　愚甥拔貢舉人萬卿徐文藻敬誌

太極拳序

吾友品三陳鑫英義先生之喆嗣也精太極拳法著有圖畫講義嘗聞其言曰天地一大運動也星辰日月垂象於天雷雨風雲施澤於地以及春夏秋冬遞運不已一晝一夜循環無窮者此天地之大運動也聖人亦一大運動也區畫井田以養民生興立學校以全民性與夫水旱盜賊治理有方鰥寡孤獨補助有法此聖人之大運動也至於人之一身獨無運動乎秉天地元氣以生萬物皆備於我得聖人教化以立人人各保其天因

而以陰陽五行得於有生之初者為一身運動之本於是苦心志勞筋骨使動靜相生闔闢互見以至進退存亡極窮其變此吾身之自有運動也向使海內同胞人人簡練揣摩不惰躬修萬象森列顯呈法象又能平心靜氣涵養性天令太極本體心領神會豁然貫通將見理明法備受益無窮在我則精神强健可永天年在國則寇賊蕩除可守疆域內外實用兩不空（蹈）虛熙熙皞皞永慶昇平豈不快哉運動之為用大矣哉雖然猶有進焉蓋有形之運動未若無形運動之為愈而無形之運動尤

不若不運動中自藏運動者之為神運動至此亦神乎運動矣則其運動之功既與運聖人同體又與天地合德渾渾穆穆全泯迹象亦以吾身還吾身之太極馬已耳即以吾心之太極還太極之太極馬已耳豈復別有作用哉雖然咸豐癸丑月五月英義先生以單手出槍殲渠魁以生徒子弟數百人敗巨寇數十萬衆且殺其指揮數十人太極拳之實用不可功銘旗常哉吾聞友人之言如此吾即（以）是為序餘不多贅

中華民國十七年三月三日　同邑~~[illegible]岗~~作温如郭玉山謹誌　品三作玉山、未易一字

同邑舉人姪溫如郭玉山謹誌

太極拳序

自古有文事者必有武備拳之運動乃武備中之一端耳不足尚也雖然昔尚文明今重武備故武備與文事皆可並重何也事物之理自有字以來聖賢皆載之經史獨於武備則畧而不言恐啟天下好殺之心即言之不過曰乃武乃文我武惟揚而已上溯黃帝戰蚩尤下述太公作陰符其詳言者不過坐作進退步伐止齊以及器械鋒利者如兑之戈和之弓垂之竹矢此外别無他説四體運動蓋無聞焉故拳之一藝不知始自何時

並昉自何人宋時岳夫子學於周侗著有易筋經或有言傳自達摩老祖或有曰傳自宋太祖皆無憑據吾憶有天地即有陰陽有陰陽即有人類有人類人以天地之陰陽運動吾身者即以為拳何言乎爾古有兵器離兵器以手搏擊者非拳乎古有舞家舞勺而手舞足蹈以肢體運動適身者非拳乎由是言之拳之機勢由來久矣而其理又為各人所自具故後漢之張頤以長手名宋之太祖以三十六勢傳世明有七十二行拳清有九十二勢嫣青架又有大紅拳小紅拳之名八卦插猴拳之號

其藝最著者又有陳敬伯之靠陳繼夏之肘李半天之腿張千斤之跌鷹爪王之拿藝臻絶妙歷代皆有大率近乎情理者皆可護体防身久傳於世時至今日昔之輕棄者今則非重視不可蓋外强愈多我國微弱欲與爭雄除拳無法夫拳之有用非空言也其實用可驗諸咸豐癸丑五月有巨寇率眾數十萬渡河犯温陳英義以太極拳殲厥巨魁又殺指揮數十人嗣後又平張落行李占標長槍會數十戰功未常敗北此皆太極拳之有功於世者也英義先生以是法傳喆嗣品三著有太極拳圖

書講義理精法密細膩明透極深研機全由性命之理發出演而習之內可強身外可強國非若孟奔烏獲徒以血氣之勇著名又非若荊軻聶政但以酬恩驚世且日本強盛非習之以拳術勝阿羅乎堂堂中國既有強國之資又有強國之法何坐視腐敗而不一為振作乎苟能自振閭國演習他日雄長諸國莫與爭鋒何快如之居中華者宜自勉焉

武陟木欒店舉人佩珊任廷瑚敬誌

陳英義先生傳

英義陳先生名仲甡字志壎又字宜麓號石厂祖居山西澤州府晉城縣東土河村明洪武遷過以耕讀傳家先生與弟季甡同乳生面貌酷似鄰里不能辨其叔有本文武精通教以讀書先生不願章句願學萬人敵韜略技藝無不精妙然循循儒雅從未與人角爲鄉黨排難解紛義聲著於世一生戰功有不可枚舉惟咸豐癸丑五月有草寇林鳳翔與勇賊楊輔清率衆數十萬渡河巢柳林中先生倡義勤王率生徒與賊大戰黃河灘

十五

數日先取驍將首級又殺僞指揮數十人餘者不可勝計賊大
劫遂潛師圍懷慶然銳氣已挫聞諸帥兵至從山後遁諸帥敬
仰先生遣使聘請先生念切母老堅不應聘事平蒙奏賜六品
頂戴先生心安奉母不以功名動心後母病親視湯藥衣不解
帶者年餘母終喪葬一依古禮弔吊客數郡畢至其哲嗣亦精
拳法著太極拳圖畫講義極詳明不惟有益身心且大有裨於
家國吾願世之欲強國者皆可急為演習焉先生沒鄉里哀痛痛
弔者填門衆議易名稱英義吾與劉大人諱毓楠從衆曰可後

序

先生戰事諸名家作序述之詳矣余不必再贅因瞻先生遺像與其子品三着拳譜遂作兩讚一跋以贅其後

讚

惟公生前河朔保障胸羅錦繡手持鐵杖縱横敵營搴旗斬將萬夫辟易四海欽仰虜辭徽辟尚志不降今瞻遺像令我徬徨三毫惟肖一點難狀欲為寫生擱筆神愴聊書數語以誌生平之企望

又讚

誰繪丹青傳公遺像面貌衣冠式模一樣精神意氣曲盡形狀頰上三毫惟肖惟象對之欲語恍吐昂藏愧我拙筆難寫雄況願公子孫時時記在心印上

跋

先生拳法其妙無比哲嗣品三圖畫講義專心學習真正美藝天授中國強兵之計是在我之自勵耳

清大梁進士[illegible]御史安徽按察司大梁河朔兩書院山長楠卿劉毓楠敬讚並跋

太極拳跋

惜乎英義之未竟其用也當其聚眾徒衛鄉里大盜逆之鋭而殲厥渠魁功亦偉矣若使握兵柄總戎機出其智計憑其英勇以削平僭亂為國干城不且焜耀寰區震爍古今垂名青史圖象紫光哉徒以母老辭徵田園終老而其生平抱負僅如石火電光倏然一見良可慨已雖然忠孝不能兩全想英義當日思之爛熟必不忍以功名易天性彼絶裾之溫嶠遠志之姜維千古猶有遺憾也吾聞之急人之急者必尊人之報易名立傳鄉里

十八

己不忍沒其績厥嗣品三復勤於舉業蒸蒸日上他年擢巍科
膺顯官為國宣勤以繼先志忠孝之報不于其身而于其子此
固理之必然而事之當然者也陳生勉乎哉

清大梁進士主講河朔書院張粲戟臣甫謹跋

陳仲甡傳

陳仲甡字宜麃號石厂明初陳卜精拳法世習者衆仲甡拔稱最咸豐三年五月林鳳翔李開方率衆數十萬由鞏渡河踞溫東河干柳林中勢張甚仲甡倡鄉人逐寇與弟季甡耕耘從子森淼長子垚并其徒數百鄉勇萬人助之二十一日迎戰仲甡陷陣殺偽指揮數人寇敗又追殺數百人明日寇大肆焚殺所過皆墟縱其驍騎來薄仲甡督衆搏戰皆一當百寇披易死者相屬斬其二酋寇又敗去寇連不得志悉自柳林出約十萬餘

十九

仲甡命季甡伏溝左耕耘率衆伏溝右淼垚爲援應自率衆當
敵一悍賊身長六尺腰數圍殊死戰仲甡奇其貌誘入溝伏發
發以鎗斫其項賊偃馬腹搏之下復飛身據鞍仲甡單手出槍
中其喉取其元乃冠中驍將破武昌時曾挾銅炮躍登城號大
頭無敵楊輔清賊劃然四潰比李棠階率鄉勇至冠已竄柳林
冠自造亂轉略數省所至披靡以鄉勇禦冠自仲甡始因此仲
甡名振天下六年團練大臣袁甲三檄仲甡攻溥州五戰五克
之追至陳州又三戰三捷擊殺千餘人七年隨克六安州八年

張落行犯汜水仲（姓率）衆防河九年團練大臣毛昶熙檄隨營攻蒙

城阜陽十餘州縣皆恢復同治元年山東長槍會匪李占彪率

數十萬衆掠懷慶至武陟團練大臣聯（桒）檄仲姓禦之於木欒店

賊聞風東竄同治六年十二月十四日張總愚率衆百萬餘由

山西犯懷慶仲姓率子鑫猶子淼及其徒數千禦之自晨至（午）斬

斬其將五人執旗指揮者三四人冦黨數百人始大敗淼槍斃

數冦被槍猶死戰馬蹶忽中炮亡仲姓時年六十餘未幾卒遠

邇惜之私謚曰英義仲姓事親純孝教子嚴與朋友交信然其

二十

風雅宜人藹然可愛有古名士風季甡字儆隨亦入武庠傳其
學者曰陳復元曰陳耕耘曰陳豐聚曰陳花梅曰陳同曰李景
延曰任長春然皆不及仲甡此傳已列中州文獻輯志義行傳中

清翰林院編修中州文獻輯主筆汲人敏修李時燦撰文

太極拳跋

右太極拳圖譜四卷吾溫陳石厂先生所傳哲嗣品三茂才按其姿勢詳為圖說將以傳世行遠者也吾觀世之負拳技者往往逞血氣之勇而不軌於正其或豪俠自恣陵鑠鄉里此太公所謂盜跖居民間者耳至於以借軀報仇若專諸聶政者流名為高義實感私恩求其精拳藝而發之忠義者蓋鮮求其根極於道理尤加鮮焉今觀太極拳灋溯源河洛援引內經多本先儒成說而其喫緊為人處又在主之以敬而受之以謙儻所謂

根極理道者非 耶至其發之以忠義猶昭昭在人耳目吾以為
先生之忠義非徒一手一足之烈其關係大局實非淺鮮也初
咸豐癸丑大盜既據江寧遣其黨李氏林氏吉氏副元帥楊氏
等北犯其年五月由鞏縣洛河擄民船渡河犯溫盤據河灘柳
林中楊善兵法驍悍非常能挾銅砲登城賊恃其勇力所至無
堅不摧無攻不破獨至溫石厂先生以太極拳法殲之溝中當
是時陳溝拳勇之名聞天下賊由是奪氣去溫圍懷慶惟既失
其恃圍攻五十九日不能破當賊之渡河也意在長驅而北直

犯京師乃甫至溫而悍酋被殲以致頓兵堅城之下曠日持久
京師有備援兵四集賊之初計竟不得逞吾故曰先生之忠義
關係大局非淺鮮也脫令偽副帥不被殲懷慶必不能堅守懷慶
不能堅守賊挾其無堅不摧無攻不破之銳氣直抵京師大局
殆有不堪設想者昔張許二公死守睢陽論者謂其以一隅障
江淮致賊不能以全力徑長安推為有唐中興大功若先生之
殲渠魁以保懷慶而全京師其功亦何可沒也吾因以知太極
拳法其發於忠義由其根極於理道以視世之徒尚拳技者豈
二十二

可同年語哉吾與品三同補諸生爲文字交故因太極拳圖譜

推論之如此先生其他軍功非大局所關不具論

靖擧人晚生晴浦李春溪敬跋

讀義先生傳題句

英義如公孰與儔文才獨把轉風流林泉自得優游趣一觸豪情殲國仇

欲報君恩有老親逮驅魔厲頓忘身從來立德立功者半是蓬廬孝道人

馳告邑侯奏凱歌鄉軍聲勢振干戈搴旗斬將稱無敵太極神拳湊力多

紅旗捷報入神京恩錫頭銜翠羽榮欣有達人歸德澤冀笙簧協

二十三

和鹿鳴歌

西淮唐縣同澤鋪如姪李式濂拜草

濂素不能詩讀 先生傳情莫能禁用紓鄙懷以誌欽仰詞之工拙所不計也

序

古人云、莫為之前、雖美而不彰、莫為之後、雖盛而弗傳、我陳氏、自陳國支流山左、派分河南、始於河內而卜居、繼於蘇封而定宅、明洪武五年始祖諱卜、耕讀之暇、而以陰陽開合運轉週身者、教子孫以消磨飲食之法、理根太極、即名曰太極拳、自我始祖卜遞傳十三世、至我曾祖公兆、為人樂善好施、以耕讀為業、乃以是藝傳我祖有恆叔祖有本有本三十六歲始業拳、至晚年學業湛深、技藝精粹、又以是藝傳我先大人仲甡、先叔大人季甡、先大人與先叔大人同乳而生、兄弟齊名、儻非有先達者為於前、焉能勇冠三軍、名傳宇內哉、然有為於前、尤貴有傳於後、我先大人命我先兄習武、命愚學文、習武者武有可觀、學文者文無所就、是誠予之罪也夫、所可幸者少小侍側、耳聞目見、薰蒸日久、竊於是藝、管窺一班、雖未通法華三昧、而妙理循環自覺有趣、迄今老大、茍不即一知半解、傳之於後、不又加一辜哉、愚今者既恐日月逝矣、歲不我與、又恐門戶分別、失我家傳、敢自祕哉、所以養蒙之暇、急為顯微闡幽繕寫成書以示後之來者未知於前人之意有合萬一與否而要於十六世之家傳或因是書而弗絕未可知也然絕與不絕我雖不得而知而吾先大人六十年之精鍊神化自有琑言庶不至湮没不彰也愚固拙滯不善形容後之人茍不以俚言絮語污辱心目則採而習之身體力行漸臻堂奧上可為 國家禦盜賊下可為身體强精神遠可紹先人之遺業近可啓後進之新機真積力久妙用無窮俾寶塔圓光世世相傳於無替豈不善哉是書家傳則可至於售世非愚所敢望也夫

旹

大清光緒三十四年歲次戊申冬十一月上浣温邑陳鑫序

品三陳鑫訂目

目録

白鵞亮翅 革 摟膝拗步 家人 閃通背 姤
演手單鞭 賁 坎 左右雲手 離 高探馬 革
右插脚 隨 左插脚 益 中單鞭雙風貫耳 噬嗑 同人 蠱
下演手 艮 回頭二起 震 獸頭勢 旅
剝 大過 卅 踢一脚。磴一跟演手。小過 小擒打 中孚 抱頭推山 小畜
解 卅五 單鞭前照。後照。井 野馬分鬃單鞭 乾 玉女攢梭 四十 巽
離 擘擦衣單鞭 坎 左右雲手。擺脚。一堂蛇 睽 臨 泰 金鷄獨立朝天磴 頤
真珠倒捲簾 豫 白鵞亮翅摟膝拗步。歸妹 渙 閃通背演手。單鞭。雲手 履 遯 澤 鼎
夬 咸 蹇 高探馬。十字脚。指膛錘。青龍出水。單鞭。大畜 井 鋪地鷄 復
大壯 上步七星。下步跨虎 損 回頭擺脚。觀 當頭砲 師
共六十四勢終

白者陽儀也。黑者陰儀也。黑白二路者陽極生陰。陰極生陽。其機未嘗息也。即太極也。非中間一圈。乃太極之本體也。

太極圖

打拳着着皆是一個圈。或全體俱動。或一肢先動。皆動以圈而無直率之說。

來圖補遺

對待者數

主宰者理

流行者氣

少陰少陽、皆引人之進也。太陽太陰、皆擊人之地也。圓至太陽太陰、已轉過來。陰陽之氣正旺、故能一擊成功。引人之力、必至於盡而後擊之。擊方有力。

伏羲八卦方位

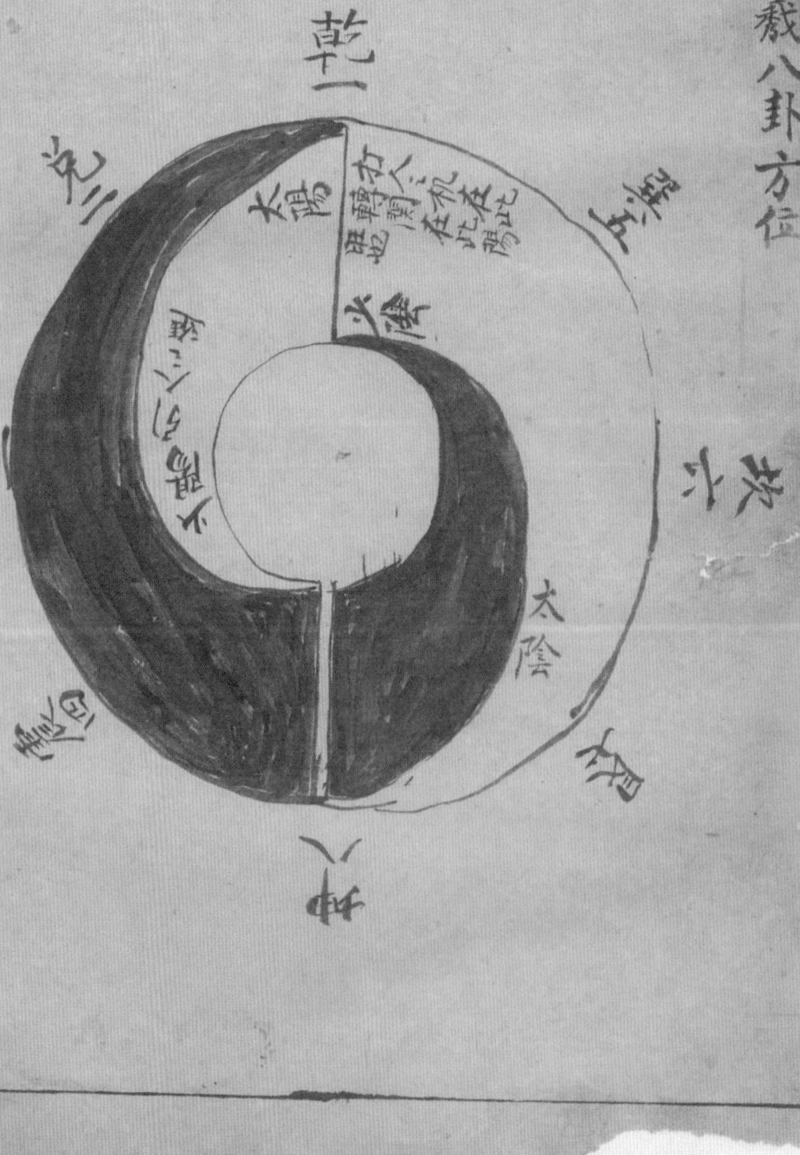

文王八卦圖

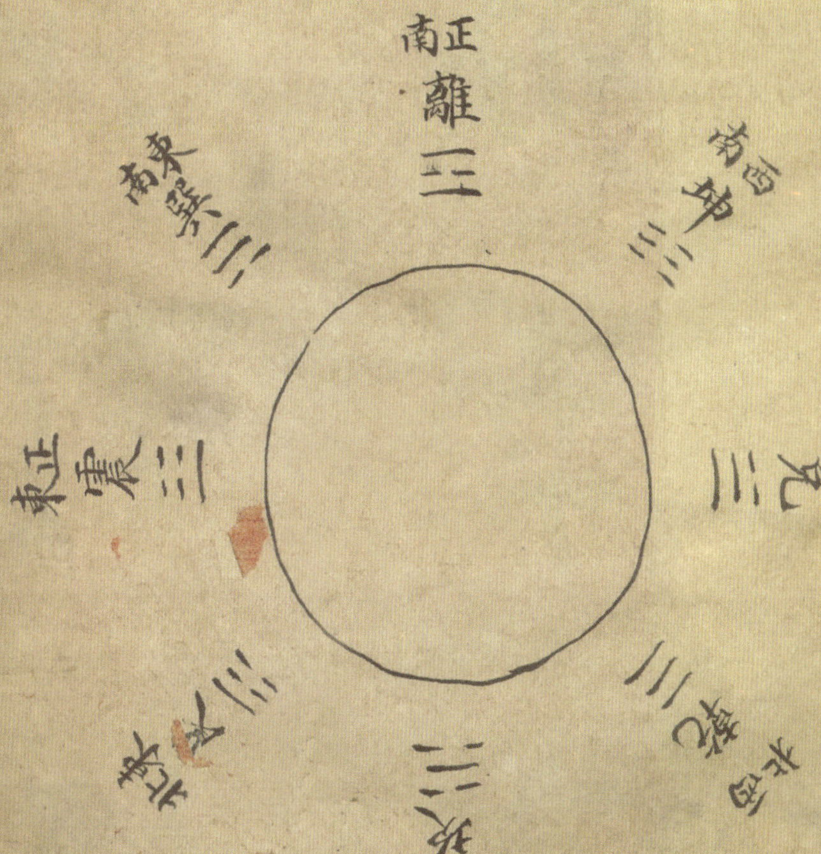

河圖

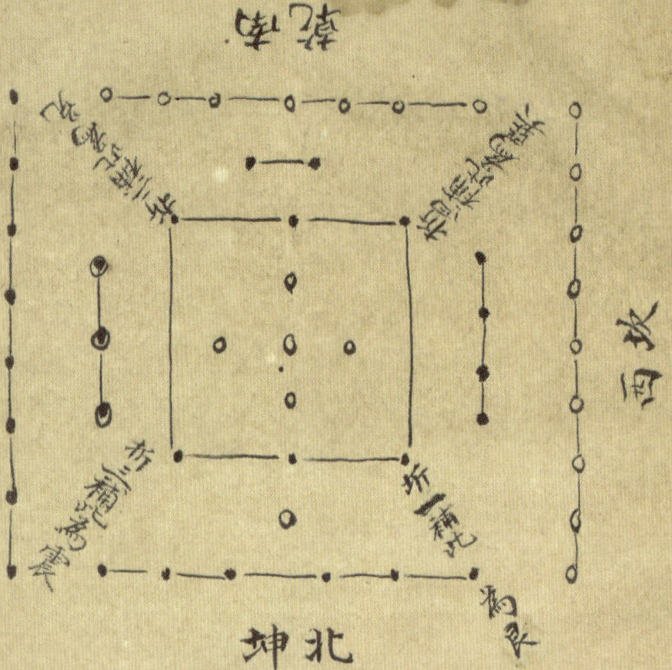

繫辭傳曰河出圖洛出書聖人則之又曰天一地二天三地四天五地六天七地八天九地十天數五地數五五位相得而各有合天數二十有五地數三十凡天地之數五十有五此所以行變化而行鬼神也

洛書圖

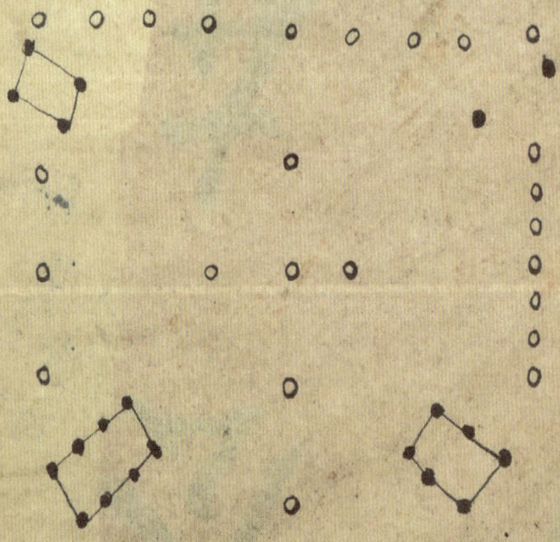

洛書蓋取諸龜象故其數戴九履一左三右七二四為肩六八為足

來註陽直圖

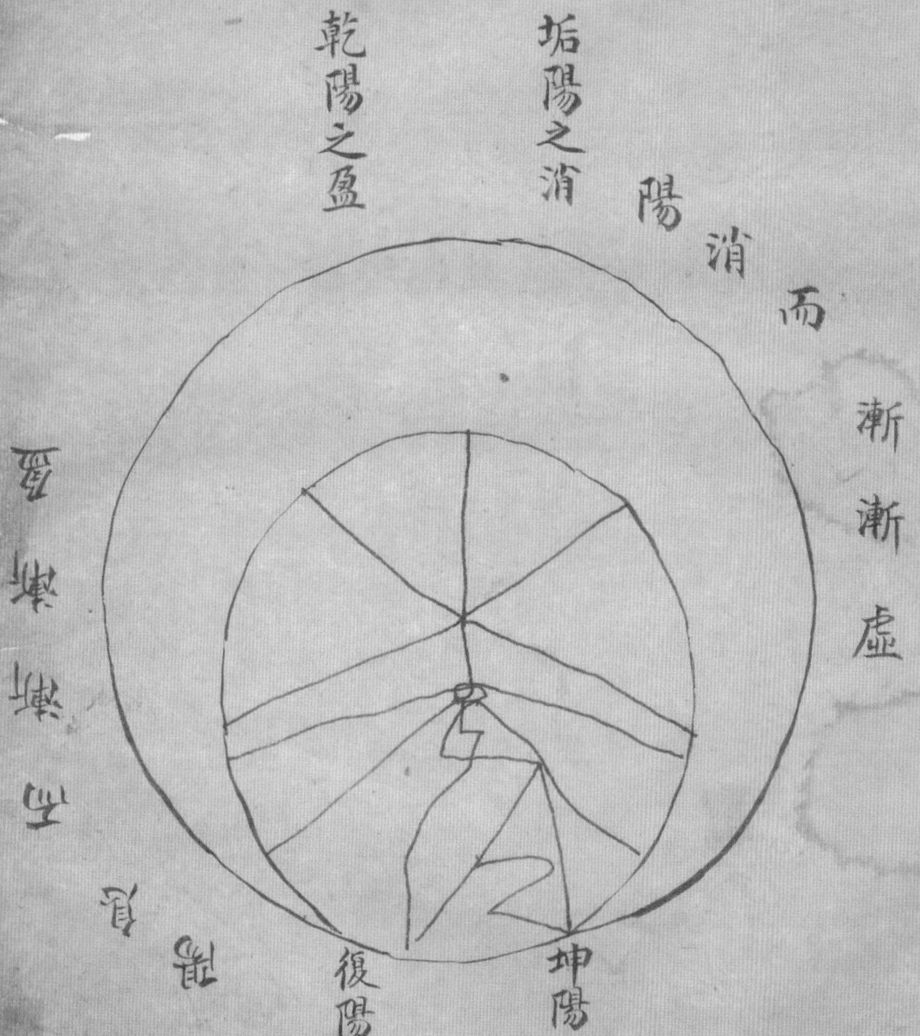

消息盈虛

來註陰直圖

消息盈虛

温邑陳鑫著太極拳圖畫講義

是書或論理或論氣或取全卦之義或取一爻之象悉本於易

凡例

一學太極拳不可不敬不敬無論先生不教訓即教訓學者亦終學不成蓋心不誠則藝自然不能精

一學是藝者不可手狂手狂則生事不但不許手狂並不許外面露耍手形迹務於外即失於中

一學是藝者切不可自恃自恃則難進況滿招損謙受益能謙則學無止境愈造愈高自然摸到左右逢源之候則精神強健無往不宜上可~~國~~為國家干城下可為閭閻保障若匹夫之勇不足道也

一學是藝者着着當細心揣摩某一着不揣摩則某一着之情理終不能了然於心每一着上下過脈處尤當心領神會此處忽畧則來脈轉關終於隔閡此處一

有隔閡則一着自為一着焉能一氣貫通千百着如一着乎不能融千百着如一着必不能一片神行不能一片神行打到皓首其於太和氣元氣無所問津

一學是藝者當先讀書書理明白拳理自然明白

一太極之理陰陽開合而已少明易理則打拳之際其於陰陽動靜錯綜闔闢自然機趣横生行止合拍

一是書尚未付梓粗言大理或有借用字眼閱者當改正勿吝

一是書雖無大用處然當今之世強鄰四敵苟演而習之而陸於陸軍操練之法不無小補若使中原人人演習雖英美法俄打交手仗其奈我何此亦強兵一藝總戎機者願勿以芻蕘之言棄若敝屣

太極拳精言

斯人父天母地莫非太極陰陽之理蘊釀而成。天地固此理、三教歸一、亦此理、即宇宙（太極是體陰陽是用四方上下曰宇往來古今曰宙）之萬事萬物、又何莫非此理。況拳之一藝、焉能外此理而別成一理、此拳以太極名也。即其用而言之、拳者權也。所以權物而知其輕重者也。然其體實根乎太極、而其用不遺乎兩拳。且人之一身、渾身上下都是太極、即渾身上下都是拳、不得以一拳目拳也。以我之拳、權物之輕重。即人來之輕重其樞紐在一心。心主乎敬、又主乎靜。能敬而靜、自葆虛靈。天君有宰、百骸聽命。動則生陽、靜則生陰、一動一靜、互為其根。清氣上升、濁氣下降、百會中極、一身管鍵。初學用功、先求伏應來脈、轉關、一氣相生。手眼為活、不可妄動。其為氣也、至大至剛、直養無害、充塞天地、配義與道、端由集義。渾灝流行、自然一氣。輕如楊花、堅如金石。虎威比威、鷹揚比疾。行同乎流水、止侔乎山峙。理精法密、條分析縷。放彌六合、退藏於密。至大無外、至小無內。中和元氣、隨意所之。意之所向、全神貫注。中立不倚、因時制宜。盤馬彎弓、故不發矢。不即不離、拳之妙致。我之制勝、全在於茲。細心揣摩、指揮如意。後之學者、奚必多疑。

拳經總論

中氣貫足、精神百倍。十年用功、十年養氣、臨陣交戰、切忌先進。如不得已、淺嘗即引、靜以待動、
堅我壁壘。堂堂之陣、整整之旗、我軍有備、讓彼偷營。一引一進、奇正相生、佯輸詐敗、
制勝之能。一引即轉、轉進如風、迅進七分、疾速停頓。兵行詭計、嚴防後侵、日光普照、
誠自有真。太極之理、一言難盡、陰陽變化、存乎其人。稍涉虛偽、妙理難尋。

切指拳經擠手諸病與擠手制勝之法

欺（強以力欺我）壓（以手壓我之上）掛（或以手掌或以肘尖或以肐膊掛我）離、（開而逃走）閃（賺也虛而賺驅誘我以實也）撥（以手撥也）推。（以手推我）艱澀生硬、（不能滑膩粘黏）更難出奇。排擋（硬排硬擋）挺霸、（往後霸也往前硬頂）挺騰（以左手掤住而以右手巧取別路）挐（挐以臂節）皆非。鉤（或以手或以足）掤（以手撐住）抵（如牛羊抵角）滾、（轉軸）直（不曲實何為兩人對敵或去或來不可太實）根頭棍子、（手照）照臉（臉而以肘打之肘照臉而以手打之）亦非至理。真宰焉在、虛靈具心。虛含眾理、靈運一心。掤纏擠捺、求（先）

認真。引進。空落。空。粘連黏隨。肐膊大腿、螺鬟。纏。綿。精神到處、有經。有權。虛實兼到、不可先攤。陽敗陰勝、計策萬全。陰陽妙用、自古皆然。何處審的、太極圖圓。（空去声）又病
抽扳遮架、磕打猛撞。躲閃侵凌、因依硬工。諸病去淨、率由舊章。實功用到、天下無雙。

皆目為軟手、是以外面視之、皆迹象也。若以神韻論之、交手之際、剛柔並用、適得其中。非久於其道者、不能澈其底蘊。兩肩鬆下、兩肘沉下。秀若處女見人、肆若猛虎下山。手即權衡、稱物而知其輕重。打拳之道、吾心中自有權衡。以他人之進退緩急、而以吾素鍊之精神以臨之、是無形之權衡也。以無形之權衡、權有形之迹象。宜輕宜重、而以兩手斟酌、適得其當、斯為妙手。

七言古

動則生陽靜生陰、一動一靜互為根、果然識得環中趣、輾轉隨意見天真、

其二

陰陽無始又無終、來往屈伸寓化工、此中消息真參透、圓轉隨意運鴻濛、

其三

一陣一清來一陣、迷、連環闔闢賴撕提、理經三昧方了亮、靈境一片似玻璃、

五言古

理境原無盡、端由結蟻誠、三年不窺園、壹志並神凝、自當從良師、又宜訪高朋、處處循規矩、一線啓靈明、一層深一層、層層意無窮、一開連一合、開合遞相承、有時引入勝、工欲罷不能、時習加黽勉、日上自蒸蒸、一旦無障礙、恍然悟太空、

身

拳之一藝、雖是小道、然未嘗不可即小以見大。故上塲之時、不可視為兒戲、而此身必以端正為本、身一端正、則作事無不端正矣。大體不可跛倚倒塌、況此藝全是以心運手、以手領肘、以肘領身。手雖領身、而身自有身之本位。論體則身領乎手、論要手則以手領身。身雖有時歪斜、而歪斜之中、自寓中正、不可執泥。能循規蹈矩、不妄生節枝節、自然合拍、合拍則庶乎近矣。

心

天地間人為萬物之靈、而心又為五官百體之靈。故心為一身之主、心一動而五官百骸皆聽命焉、官體骸不循規矩者、非官骸之過、實心之過也、孟子曰出入無時、莫

知其鄉者惟心之謂。又曰一人雖聽之、一心以為有鴻鵠將至、可見人之有心、但視其操與不操耳。能操則心神內斂、故足重手恭、頭直、目肅、凡一切行為無不皆在個中。不操則心外馳、故視不見、聽不聞、食亦不知其味、凡一切行為無不皆出個外。況打拳一道、由來口授、居多著述甚少。蓋由義理則經史備載、子籍流傳、不必再贅。但打拳之勢、人皆不知皆由太極而發、其外面之形迹、與裏面之精意、往往視拳勢是拳勢、理路是理路、不能合到一處、是皆不知由理而發之於勢故也。不知運勢者氣也、而所以運勢者理也。其開合擒縱、無可加損、無可移易、動合自然、是皆天理之應然、而然也。苟細心揣摩、如行遠自邇、登高自卑、則由淺入深、不躐等而進、不中道而止、以我之智力、窮道之旨歸、壹志凝神、精進不已、層累曲折、胥致其極、雖高遠難至之境、莫非即眼前中庸之境。皆可到也。是在操心。

理

理者天理之節文、人事之儀則也、順其性之自然、行其事之當然、合乎人心之同然、而

而究乎天理之所以然、一開一合、絕無勉然、一動一靜、恰合自天然、此即吾道之粹然

氣

何謂氣、即天行健、一句行字。天體至健、而所以行此健者氣也。不滯不息、不乖不離、不偏不倚、即是中氣。加以直養無害、工夫即是乾坤之正氣、亦即孟子所謂浩然之氣。一拂氣之自然、參以橫氣、則生硬橫中、勢難圓轉自然、一遇靈敏手段、自覺束手無策。欲進不能、欲退不敢、但聽他人發落而已。鈍何如也。所以不敢徒恃血氣、而並參之以橫氣。

情

理與氣、發於外者為情、人之交接往來則曰人情、文之抑揚頓挫則曰文情、打拳之欲抑先揚、欲揚先抑、其間天機活潑、極有情致。拳無情致、如木偶人一般、死蛇塌地、有何景致、又安能見其生龍活虎、令觀者眼欲快覩、口中樂道、心中願學、此拳之不可無情致也。至於與人交手、斷不可看人情、一看人情、則人以無情加我矣、烏乎可。

意

意者吾心之意思也。心之所發謂之意、其一念之發、如作文寫字下筆帶意之意、意於何見、於手見之、此言意之已發於外也。意發於心、傳於手、極有意致、極有神情、心之所發者正、則手之所形者亦正、心之所發者偏、則手之所形者亦偏。如人平心靜氣、則手法身法、自然端正。如人或急切慌張、或急慢舒緩、則手之所形、莫不側倚。必也躁釋矜平、而後官骸所形、自然中規中矩、實理貫注其間、自無冗雜架（閒）、即有時身法偏邪、是亦正中之偏、偏中有正、俱有真意。其一片纏綿意致、非同生硬挺霸、流於山東一派、此其意一則由理而發、一則由氣而鍊。山東耍手、純是鍊氣、氣鍊成、亦能打死人。但較之於理、低百倍耳。故吾之（意）可知、而彼之意可想。學者所當細心體會、以審其意之所發。

景

一片神行之謂景。其開合收放、委宛曲折、種種如畫、是之謂景。景不離情、猶情之不離乎理相連故也。心無妙趣、打拳亦打不出好景致、問何以打出景致始則遵乎規矩、繼則化乎規矩、終則神乎規矩、在我打得天花墜亂墜在人自然拍案驚奇。裏面有情、外面有景。直如天朗氣清、惠風和暢、陽春烟景、大塊文章、處處則柳嚲花驕、着着則山明水秀、遊人觸目興懷、詩家心怡神暢、真好景致。拳境至此可以觀矣。

神

神者精氣發生於外、而無艱澀之弊、靈氣也。天地間無論何物、精氣足則神情自足、在人雖存乎官骸之中、實溢乎官骸之外。大約心、手、眼俱到、則有神、無神則死煞不活、不足動人。神之在人、不止於眼、而要於眼則易見。故打拳之時、眼不可邪視、必隨手往還、如打懶插衣、眼隨右手中指而行、懶插衣手到頭、眼亦到頭、注於中指角上、不可他視、眼注於此、則滿身精神、皆注於此、如此則懶插衣全着、俱有精神、神聚故也。打單鞭、眼注於左手發端處、隨往左手、徐徐而行、至單鞭打完、眼即注於中指角上、不可妄動。打披身錘、眼注於後腳尖。打肘底看拳、及小擒拿、眼注於肘底拳上。打斜行拗步、右手在前、眼注於右手。打抱頭推山、兩手雖俱在前、而以右手為主、眼雖並注、而注於右手居多。打指膛錘、眼注於下。打下步跨虎、眼注於上。打演手錘、眼注於前。打回首錘、眼注於後。大抵上下四旁某處當令、則眼神注某處、此是大規矩、亦有神注於此、而意反在於彼者。此正所謂大將軍八面威風、必眼光四射而後威風八面、處處有神也。打拳之道、本無此勢、而創成此勢、此即自無而有、何其神也。而況神乎其神、何莫非太極陰陽之所發者而運者乎。拳至此、已入室矣。動靜緩止急運轉隨心、何患滯澀而無神情乎。

化

化也者化乎規矩者也。化之境有二。有造化。有神化。造言其始、化言其終。神化者夫子七十從心所欲不踰矩是也。打拳熟而又熟、無形迹可擬、如神龍變化、捉摸不住、隨意舉動、自成法度、莫可測度。技至此、真神品矣。太極之理、發於無端、成於無迹。無始無終、活潑托出。噫、觀止矣。拳雖小道、所謂即小以見大者、蓋以此。拳豈易言哉。度去声

着

自古聖人、有文事者必有武備。但文事皆有成書、經史子籍、無所不備。至於武備、則畧而不言。自黃帝堯舜、以至唐宋元明、總戎機者、雖各著有兵書、然不過步伐止齊耳。至打拳、皆未之及。拳之一藝、不知始自何時、俱未見有成書。歷唐宋元明大清、即間有書、亦不過圖畫已耳、皆未詳言其理、以示階級可尋。且嘗見習此藝者、往往失之於硬、蓋由尚血氣、不尚義理。義理不明、勢不至流於放僻邪侈而不止。我陳氏自山西遷溫、帶有此藝、雖傳有譜、亦第圖畫、義理亦未之及。愚無學識、工夫極淺、不敢妄議註譜、但為引蒙、不得不聊舉大意、以示學者。下工夫、每一着、必思手從何處起、何處過、至何處止。外面是何形象、裏邊是何精氣。要從心坎中、細細過去、此着之下與下着之上、夾縫中、如何承上、如何起下、必使血脈貫通、不至上下兩着、看成兩橛。始而一着自成一着、繼而一氣流通、千百着如一着矣。如懶插衣、右手從左腋前起端、手背朝上、手指從下、斜而上行、先繞一小圈。中間手從神廷前過去、徐徐落下、肱膊

青灵肘上三寸
少海肘端五分
灵道掌後一寸五分
列缺去腕側上一寸五分
少商大指内側
中衝中指
少衝小指

只許展九分。手與肩平停止。手背仍朝上。微向前合、其手自始至終、行走大勢、如弓彎之意。上面手如此運行、底下右足、亦照此意、與手一齊運行。手行到地頭、然後足指亦放得穩當、手中内精由心發起、過右乳、越中府、踰青靈穴、衝少海、經靈道、渡列缺、至衝中衝、少衝、少商諸穴止。足是先落僕參、過湧泉、至大敦、隐白諸穴止。且其内精必由於骨之中。以充於肌膚之上。運至五指上而後止。頂精提起、腰精鞘下。長强以下泛起來。膪精落下。右手與左手合住。兩足合住。膝與膪、與胸、與小腹、諸處無不合住。合也者、神氣積聚、而不使之散漫、非徒以空架間着、苟且了事。惟恭敬將事、則神氣處處皆到、方不蹈空。下着單鞭、大概與此着同。大凡手動為陽、手静為陰、背則為陽、胸則為陰、亦有陰中之陽、陽中之陰。某手當令、某手為陽、某手不當令、某手為陰。亦有一着也、而先陽後陰、一手也、外陰而内陽。一陰一陽、要必以中峯精運之。中峯者不偏不倚。即吾心之中氣。所謂浩然之氣也。理寓於中。而氣行於外。是也。濁氣下降、合住膪精、下棚穩當、上棚亦靈動。千言萬語、難形其妙。當場一演、人人可曉。可見落於紙筆、皆成糟粕、形於手足、亦成迹象。而要非迹象無以顯精神、猶之非糟粕無以寫理義。是在善學者。孟子曰、能與人規矩、不能使人巧、其斯之謂與。

志

心之所之謂之志。凡人貴立志、不立志、則一事辦不成、終身居人下矣。如能立志、則以上數條、自始至終、層層折折、悉究底蘊、不敢懈惰、由勉然以造於渾然。所謂有志者事竟成。不然者敗矣。人顧可不立志哉、

恒

天地之道、一恒而已。惟其恒也、日月得天而能久照、四時變化而能久成、聖人久於其道而天下化成。何況一藝、苟能懇懇懃懃、始終無懈、何至苗而不秀、秀而不實乎。書曰學貴有恒、孔子曰人而無恒、不可以作巫醫。可見人之用功、惟恒最貴。志為功之始基、恒為功之究竟。能恒則成、不恒則敗。志恒二字、乃作事之要訣、學者不可不知、尤當猛醒。嘗見人之用功、或作或輟、不植將落。反怨師不教人、抑何不返躬自問其功如何哉。

品三陳鑫新著太極拳圖講義撮要

天地之道、一剛柔而已、擂手亦然、彼以剛來、我以柔應、柔中寓剛、敵人皆驚、剛來者人以剛侵我也、柔應者我以柔順應人之剛、惟柔中寓剛、人所難測、所謂引進落空也、一侵即跌、能不驚哉

打拳之道、開合二字盡之、一陰一陽之謂拳、其妙處、在互為其根而已、開者為陽、合者為陰、剛者為剛陽、柔者為陰、動者為陽、靜者為陰、外者為陽、內者為陰、伸者為陽、屈者為陰、陰中藏陽、陽中藏陰、陰陽互為其根、

打拳之道、未上場、先打掃心、使其心清清淨淨、無一毫私念橫於胸中、然後上場、上場時、心之誠敬、如齊明盛服以承祭祀一樣、心平氣和、必使濁氣下降、下體自然穩當、清氣上升、上身自然靈動、當此寂然未動、心中一團和氣、亦渾然一太極而已、

陰陽總别

純陰無陽是軟手。純陽無陰是硬手。一陰九陽根頭棍。二陰八陽是散手。三陰七陽猶覺硬。四陰六陽類好手。惟有五陰合五陽。陰陽參半稱妙手。妙手一着一太極。太極已空歸烏有。

金剛搗碓

老譜只此名目、畫圖僅有十勢、敬繪無遺

足重手恭頭容直、心存敬慎目端肅、始終由此規矩走、無限天機皆太極、

七言絕句

金剛搗碓斂精神首句斂字伏寂然不動意上下四旁寓屈伸二句寫動靜開合千變萬化之道皆從此出喜怒哀樂當未發借此以寫中道渾然太極具吾身應首句

立天之道曰陰與陽立地之道曰柔與剛立人之道曰仁與義三而兩之體用俱備

金剛搗敛

其二

養成太極似太和、錦繡花園飽胸羅、天上金剛携玉杵、善降人世衆妖魔、

其三

不是金剛降魔杵、妖妖怪怪莫敢阻、大開大合歸無迹、美大神聖方可許借學境以形拳之境

其四

外保君王內保身、全憑太極運精神、寂然不動歸無極、罔罔空空盡天真、體用俱備

其五

先左後右不為奇一動一靜似圍棊圍到山窮水盡處倏然一勢判雌雄

此着無極而太極陰陽之始基也、學者當清心寡慾、沉心靜氣以審陰陽發動之始、

金剛搗碓一名護心拳

何謂金剛搗碓、金剛杵名、神之所修、如精金百練堅强不屈、手所持者、降魔杵也、搗碓者如穀之在臼、以杵搗之、打拳右手將住鎚頭、左手摳住、如碓臼形如以杵搗臼、故名之、取其堅剛沉重意、

打拳以鼻為中界。左手管左半个身。右手管右半个身。心身不可使氣。以手領肘、以肘領肩。着實肩領肘手。外形似先以手之領之。手中之氣、僅僅領住肘而已。上截手如何動、下截足亦如何動、上下相隨、當中自然、隨住運動、此謂一齊運轉、一氣貫通。將上場、立必端正、兩手下垂、足並齊、膝微屈些、中間用住髖精、髖精一開、然後心氣發動、心機一發、先以左手領起左脚、往前進半步、遂以右手領起右脚。左手先繞起來。

右手自下繞左手外面而上、兩手套住轉環轉搆一圈、右手落在左手中、手與心齊、一齊停住。右手與右脚皆虛虛籠住、左手與左脚皆實實在在落住、左脚踏在地上、如土委地。兩大腿根要開、膽開不在大小、即一線之微、一絲之窄、亦算是開。蓋心意一開、膽即開矣。頂精領起來、濁氣由心落到丹田、歸於中極。何言由心降下、心氣一下、滿身濁氣自隨而下。太極拳自始至終、獨此一着是正身法。端而肅。實而虛。上下四旁、靜以持己、亦靜以待物。即物來順應。亦猶是吾身之陰陽運所當運者而已。頭一着端端正正、理實氣空、不脫元氣。所以領袖羣着、而為眾着之首。其歸穴處、仍歸到渾然、一太極、無端（緒）可見。

打拳之道、一圈而已。圈有正有邪、有大小、有偏（有）圓、有尖有方、其中陰陽之精、宜緩宜急、宜剛宜柔、實太極之陰陽、循環無端。人得陰陽之氣以生、故吾身自有吾身之太極。以吾身運吾太極、又奚足怪。如人之行路、右足行（陽也）左足止。（止、陰也）左足行、右足止。（陰陽遞更也）且行之中寓止之意。止之中寓行之意。是即陰。陽。互。為。其。根。也。此即陰陽自然運動、人但習而不察耳。打拳之道、亦如是也。

第二勢

攬插衣七言

世人不識攬插衣。左屈右伸拜虎威。屈内寓伸何人曉。伸中寓屈識者稀。膻中分界如劍閣。頭上中峯似璇機。千變萬化由我運。丹田兩足定根基。

攬擦衣講

所謂攬擦衣者、左手如抱攬之意、手岔住腰、肘微向前合、大指與後四指岔開、手從上腕穴、斜下、其意似往裏去、似往下按、手掌向後、此着屬陰、陽在其中伏矣、是謂陰中藏陽。右手從上腕穴自上往右、向下、再向左、繞一小圈、再往上、然後徐徐向右而發、高不過肩、手走到

身莊放正、心平氣和、
精由心發、後皆倣此
肩要壓下
頂精領起來
眼神看住右手中指
右手來拉單鞭要與左手合住

九分、即止。內中之精、不前不後、由中而行、後則擘、前則合、皆不得其中、精以中指為主、中指精到、餘指之精皆到。精由心發、越乳上、過腋前、入肩膊中、內穿骨髓、外充肌膚、徐徐行。運迨其精走到指頭肚、然後手與手合、肘與肘合、足與足合、膝與膝合說合則兩半个身、上下一齊合住。當中膅精開開、又要合住、是合精寓於開精之中、非開是開、合是合、開與合分成兩股精。右手動、右腳隨住右手亦動、一齊行走。右手將停、右腳、腳後根先落地、膩之之落到大拇、放成八字勢。以兩足論、右足在前、左足在後、是前虛後實。以一足論、亦是前虛後實。腳心窪住、實而虛。腿精自外踝向內斜行而上、裏邊精、亦是自內踝斜行而上、二股精相同、其精行到大腿根、至陰卵下中絃、兩股精對頭、是其結穴。此處是混身精所歸。此處要虛、此處虛則上下皆靈矣。

膅、大腿根精、去聲之之二字、上之字下平聲、下之字上平聲、皆語助辭、對去聲、肐膊大腿、皆用纏絲精、不可直來直去。一直則無纏絲綿軟之意、無纏絲綿軟意、不惟屈伸無勢、即與人交手、亦不能隨機接應、妙於轉關。轉關不妙、在我已輸人一籌、何以制勝。右手行到九分即止、神氣要貫得十分滿足。此處最難形容、由起至止、須慢慢運行、能慢儘管慢、能慢得十分、則打成時、方能靈得十分。先斜後正、斜者其形、正者其精、精即心中、中氣、即孟子所謂浩然之氣、太和之元氣、非血氣之氣、乃義理之氣也。氣非理無以立、理非氣無以行、理氣非形無以載。此理之御氣、借形以運者也。能如是、方可謂之精。手指運動要束而不散、束則神聚、散則氣渙、總之官骸皆聽命於心、心一束住、如法而行、手足自不妄動、亦如法運行。肩要壓下。肘要沉下。沉肘。壓肩。乃是拳中始終要訣。眼神要看住手、如此着右手當令、眼即隨右手而運、右手運到頭、眼神即注在右手中指角上、此是眼神之標準。肩膊頭骨縫要開、始則不能開、亦不可使之強開、如涉勉強、心雖曰開、究竟未開、必工夫久、自然開、方算得開。右手僅與肩平、不可低、亦不可高、過高則揭膀、肐膊無力。頂精領起來、頂精何在、在百會穴。些須領住就算、不可太過、太過則心氣提起、下棚上懸、立不穩當。此是一身管鍵中氣之所通者、不可不知。腦後兩股筋、通乎上下、是輔吾之中氣者。即前後任督二脈

中氣

脉也、非中氣也。中氣何在在於一心。心意一動、中氣隨之貫於脊臂上下骨節白筋之中。如中流砥柱、此為一身之主、不可倒。塇前頭鎖骨、亦要領住。是皆形之輔。吾中氣者至於四肢運轉、非四肢運轉、乃先有中氣貫於四肢骨節之中之運轉、而四肢因隨之而運轉也、究其本源、是即吾心之正氣。脊骨有定、中氣貫注亦有定。四肢無定、中氣運行亦無定。而必欲執一端以論中氣、是皆不知中氣者。此是打拳頂緊要着、故不得不絮語煩言。此着右手以陽為主、而陰實藏乎陽之内、是謂陽中有陰。未動以前陽即寓乎陰之中、既動之後陰即隨乎陽之内。手向外揚屬陽、手往裏合屬陰、右手肐膊肚、其精由肩而至於指肚、是陽精。手背、其精由指甲越肐膊背面、引而至於肩下窩、是陰精。是謂陽中之陰、是即陰陽纏絲精也。左手以陰為主、指肚之精由肐膊裏面纏繞而上、引而入於腋下、是陰精。肐膊背之精、外繞過肘尖而下纏至於指甲、是陽精。手掌似乎外翻而裏合、手背似乎上翻、是謂陰中藏陽、亦纏絲精也。與右手形雖相反、而意實相承。大凡每一着臨完、形似停住、而神則停而不停。神氣貫足、萬不可使之少有欠缺。至於兩腿精、皆是由腳面、外往裏纏、上繞而至於大腿根、是陰精且絃之精、由後繞前、下纏而至於腳心是陽精。腿之上下、皆是纏絲精、皆是陰陽互為其根。以後着着裏精、大同小異、皆如是耳。

何言予神氣要足。嘗見人之打拳、上一着未完、即欲打下一着、及打一下着、更欲打下着之下着、停留不住、打成流水着、如何能細心揣摩、此性躁欲速者、故犯此病。上着之終、下着之始、其接骨脰筍處、乃是過脈。逢過脈、須要細心揣摩、不可輕易放過。此處一糊塗、下着轉關、不靈動矣。此處既要乾淨。無間勢自然乾淨、又要靈動、無橫氣自然靈動。上着是其來（脈來脈）清真、下着自然得勢。所謂得勢爭來脈、出奇在轉關。況且擠手、此是第一要訣。故打拳、着着要打得乾淨。着着又要體會過脈。久之、自得其妙。

第三勢

單鞭

單鞭一勢最為雄、一字長蛇亙西東、
擊首尾動精神健、擊尾首動血脈通、
中間一擊首尾動、上下四旁扣如弓、
若問此中真線索、須尋脊背骨節中、
上下身橋、不偏為上、
右手先合、真精內藏、
左手拉開、人所難防、
兩足合住、沉肘開膽、
一條金鞭、天下無雙、
眼光四射、陣列堂堂、

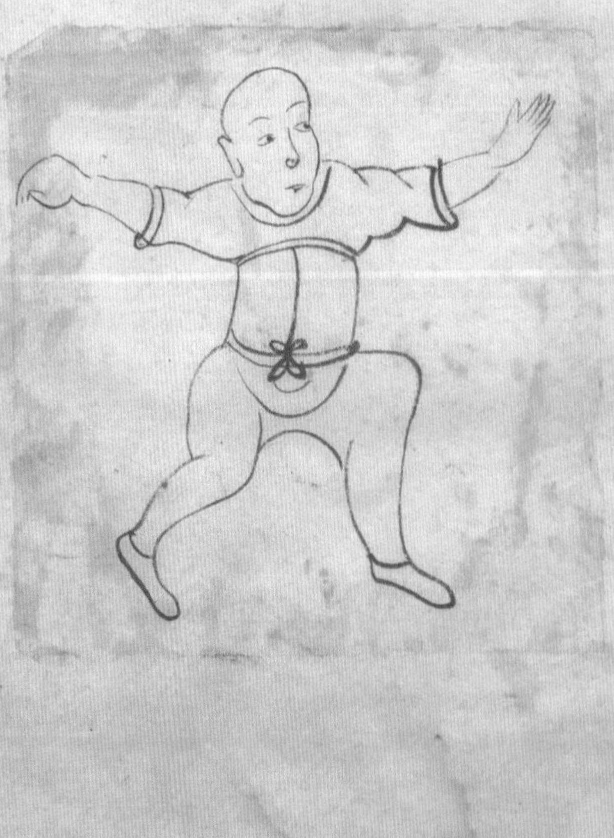

第三勢 單鞭講

何謂單鞭、兩肐膊拉開、如一條鞭然、此着以右手為陰、左手為陽、左手撞起、至臍中、往裏合、右手亦往裏合、兩手雖相去尺五、而兩中指如兩人對臉説話一般、然後左手從合處、自下而上、轉向西邊、漸漸展開、理、法精勢與上着右手、展法相同、但合時脚在左者、先收到右脚邊、脚尖点住地、是為虛步。兩脚隨住兩手、一齊合住、神氣與官骸、設有一處合不住、即為不合式、上下不能相隨、此着以左手為前、右手為後、眼神注在左手中指甲上、左手展到九分、形迹似停、内精徐徐漸運、停而不停、右手自合之後、右腕微嫌往後背一二分、神氣仍然往前合住、左脚亦隨左手展開、大約不過二尺許、亦因人之大小、以展脚步之大小、原無一定、兩肩鬆下、骨節鬆開、兩肘沉下、兩手稱住、兩膝合住、兩脚丁不丁、八不八、踏地要實落、脚心窪住地、要合住、中間胸堂、向北、打拳而北、則身椿正南正北、不可東倒西歪、前仰後合、肐膊如在肩上挂着、神氣藏於中、不可洩外、上着以右手為主、此着以左手為主、右手為賓、

第二金剛搗碓前有圖、不必再繪、後凡遇重着、皆不再繪、

第二金剛面向西。渾身週轉手兩手如擧足齊。右足上去左足並齊與虛實俱從方寸運沉肘壓肩莫亂提

金剛搗碓、譬如上場、第一勢面向北、此則面向西。先將左脚扭正、脚尖向西、左脚在本地方不挪。右脚向前上一步、與左脚齊。左手先往上領起來、右手隨往左手連環套住、各繞一圈。右脚亦隨右手往上轉一圈、落下。捶頭落在左手掌中。兩脚齊齊整整並立住、右脚虛左脚實、虛者伏下脈也。右手亦然。左脚之轉、如船掖舵、脚後跟不離本位、一磨脚、即西向矣。脚指頭一掉轉而已。此金剛搗碓、乃是上下兩着過脈也、初無別意。其中意思、全是以手領之。內精與第一勢同。

第五勢

白鵞亮翅

閒来無事看白鵞、右翅舒開又一波、兩手引来倭峯進、奚殊秋水出太阿、

其二

元氣何由識太和、廻旋玉女弄金梭、

右邊引進神機伏、亮翅形傳肖白鵞、

寫意

不是蛾眉月、神情肖逼真、雙輪齊一轉、

高下見精神、

何謂白鵞亮翅、其形如白鵞展翅一樣、象形也、以右手領住左手、先由胸前、自上而下、繞至左脇、繞一小圈、再以左手領住右手、如新月形、逆行而上、向右邊去、只、繞大半个圈、如白鵞展翅一般、至此、至兩手似停不停、從胸前平分而下、左手左行、右手右行、

右手從右膝摟過去、自下向後轉至前面與心相照、與鼻準平、右手去胸約一尺三四寸許、左手從左膝摟過去、由下而上、而前轉至後、與腰脊骨齊、右手腕朝上、右手落在前、側標住手腕、微向南、眼神注於中指、左手在後、肐膊彎而背、撮住指頭、左手在前、右手在後、中間雖隔胸背、一呼一應、前後相照。右手領左手、轉一小圈、畢、右脚隨住右手、屈彎、北上一步、左脚亦隨住右脚、往北上步、兩脚皆至右邊、虛住左脚脚尖点住地、一少停頓、然後再打摟膝拗步。此是前半着、摟膝拗步是後半着、

摟膝拗步當兩手平分下來、左脚亦隨住手分之勢、如月鈎形、向左邊開一大步、約二尺多許、畧向前一点、落住。右脚不移動、一扭脚後跟、令右脚尖朝前、便住。迨兩手各至前後、然後四肢一齊合住。

兩大腿精、如螺絲形、自下斜纏而上、歸到大腿根旦絃之中、襠精下好、脚心窪住地、襠口要開、襠精要合、下體自然穩如太山、襠形是騎馬襠、如圭、上半截形、

前之白鵞亮翅、動也、其停處靜也、靜是動中之靜。後之摟膝拗步、動也、其停處亦是

動中之靜。前之靜、是半着之末、屬實。後之靜、是殿全着之終、故為主。上着為下着設勢、下着意、即從上着中截生出。此所謂動則生陽、靜則生陰、一動一靜、互為其根。以一身論、胸為陽、背為陰、左手為陽、右手為陰、手背為陽、手腕為陰。上半體為陽、下半體為陰。左脚為陽、右脚為陰。腿廉骨為陽、腿肚為陰。肌膚為陽、血肉為陰。即一隻肐膊、背則為陽、內則為陰。以兩足論、足面為陽、足心為陰。此官骸之陰陽也。以內精而論、引精為陰、出精為陽。屈則為陰、伸則為陽。如肐膊背面、本屬陽、攬擦衣之精、右手却由指肚、引而向肩上去、形陽者精反為陰。肐膊肚本屬陰、其用精由心而運至頭(指)形陰者精反為陽、此所謂陰中有陽、陽中有陰。一肐膊而分陰陽兩股(精)其實是一。股精、是在會用不會用之耳。即肐膊背面之引精、一翻轉便成陽精、此即陽根於陰者也。肐膊精肚向外發之精、他人搽來忽然一縮、變成陰(精)此即陰根於陽者也。陽藏於陰精之中、陰精藏於陽精之中、此即陰。陽。互。為。其。根。細心揣摩、自曉、苟能百倍其功、至心一動、手(精)即到、快莫快於此矣。打拳之道、其圈由。大。而。

而。小。至於。小。無。可。小。剛之。至。矣感物。而。動如疾。雷不。及。掩耳。陽精。運。轉人焉。得。知。之。

摟膝拗步第六勢

兩手平分（平分者、兩手自人中、中分而下、）兩足開。（兩足開者、左足開步、右足一轉便正、）前後左右護懷來。中間只要身端正。何怕週（圍）四面摧（足開、膽亦開矣、身椿端正、則虛靈內含、預有準備、有備無患、故他人四面摧感、不懼跌倒、）

新式、身椿上下端正、前後手與手照臉、左膝半屈、左脚比右脚畧在前一点、

摟膝拗步、上一勢已言之矣、故勿庸再言。此着與上着、如一着。分言之、上着為白鵞亮翅、下着為摟膝拗步。右手在前、護住胸堂。左手在後、護住脊背。身法雖偏、偏中寓正。老式、右手向西北、左手向東南。左脚向西南、右脚向東北。拗一勢、故名拗步。胸前之意、海潤天空。足底、如下千斤墜。精由丹田、（穴名）氣海、（穴名）行到中極也。

第七勢

一收、收者形神聚斂也、此一勢是上下過脈、無可名、名曰收。收者右下而左、沿路漸漸向懷中收、住去胸尺許、側襦住手、手腕向懷。左手背向左、也是側襦勢。左腕與右腕相對。左手亦有撮住五指、指頭朝下、收到左脇、是陰精內斂、以伏下着陽精之動。右足往裏向後微收四五寸、停住、是實脚、實實在在、踏在地上、搖撼不動、左脚收到右脚邊、脚尖点住地、是虛脚。實者為陽、虛者為陰。右脚不動、是陰中之陽。左脚虛步、亦是陰中藏陽。當其未動亦似純陰。及其一動、陽從陰發、是為陰中藏陽。此一着、是為蓄勢、下着之精神、全在蓄勢中伏脈。下着左足一点地、即起、亦是陰中之陽、亦是此勢中間過脈。其形如獼猴。其勢如獅子搏象、用其全力。眼神注在中指、頂精領住、膪精下去、養其全神、俯視一切、有囊括四海、氣吞八荒之意。

七言歌

混身蝟縮似純陰、陰中藏陽任人侵、引進落空華斂實、右實左虛手內尋、左脚虛含右脚實、大氣盤旋冠古今、

文章貴蓄勢、打拳亦如是、意欲先勝人、須由敗中致、

第八勢斜行拗步　勢與摟膝拗步同不必再繪

斜行者東北向西南、斜而行也。拗步者、脚步與手相拗、不使一順、脚則前向西南而後東北、手則右西北而左東南、此老式也。新式、右手前而左手後。斜而行者譬如面向西、先以左手領左足、一齊向西南開一大步、勢如滴水簷往下流水、手足之勢、皆是自内而外、自上而下、繞一個圈。隨勢以右手領右脚跟一步、當右脚跟步、右手摟右膝、向後由下而上、轉向前、落到胸前、去胸尺許停住。當右手向後由下至上之候、即以左手自上而下、下摟左膝、隨勢往後收到腰脊。左肐膊彎住、五指束住、指頭朝上、去脊四五寸。迨右手轉過到前、然後兩手、一齊合住。蓋雙手、各做各工、非待左手畢、然後右手纔動、左右更迭轉環。所謂右手向後自下而上、轉向前、是下邊右脚、只跟步。上邊右手、沿路所走之形也。自一收至此、只是一着、其歸尾、左脚落到西南、右脚落到東北、仍是斜勢、仍是步與手拗、左右皆是手指用精、

七言俚語

兩手轉來化機生、簷前滴水看分明、一波三折全身護、拗步由來盡斜行、

又

左旋右轉更迭舞、兩手舒張如鳥羽、右前左後防衛密、斜行拗步最高古、足隨手去起三波、收轉進如下山虎、自收至轉往前進、如下刺之形、如虎下山、自上而下、其猛無比、至勇至迅、右手西北左東南、西南東北拗步武、左先右後手初動、右前左後是歸處、此身自是中峯立、左前右後足與股、其餘內精難盡形、太極拳圖看畫譜、

第九勢再一收

斜行拗步欲收好、愈收愈斂圈愈小、收成小身精神聚、陡然一轉驚蒼老、不收不見放中情、一收一放何夭矯、右掌向懷指朝天、左指下束似虎爪、虎兕出柙下着形、藏鋒蓄勢自然巧、半虛半實蝟縮形、撲鼠畢竟讓靈貓、

再者别乎前而言之也、一收者、上下一齊俱收住、不使四體散渙、其形迹步綿、與前無異。前之收設勢大、其收之圈亦大。此之收設勢小、其收之圈較前亦小。但前之收面向西南、此之收面向西北、此其稍有異耳。收之精、由左而右、由下而上、由外而內、精皆內斂。左手精、斂而至於肘、右手精、亦由掌而至於肘、手掌向裏、左脚尖点住地、右脚實踏於地。上體精歸於臆、下體精歸於足。頂精領住、胸往前稍合、用含蓄。精。

十勢前堂拗步

前者由東南向西北去、往前進也、堂堂室之中也、拗步見前、此一勢、身在東南、先開左足、次開右手、再次左足開一大步、共三步、斜行向西北去、立於堂中、脚步與第一但金剛搗碓針鋒相對。面向西北、左足與右足東西對照、不許斜、左足放成八字勢、是謂前堂拗步。俗言拳打一條線、此之謂也。

未打前堂拗步、再一收、手足如第一收法。週身束住、聚精會神、其形甚小、而其意至大。浩然之氣、彌滿六合。所蓄之勢小而靈、故其發也敏而捷。收以下左手如房簷滴水、水往下刺、（音七入声）左手精由左脇下、翻上至手背指頭、往下刺罷。右手亦往下一刺、精由肩至指頭。右手從後將泛起來、左手再往下刺、一摟膝、周身精轉、如車輪由下而上轉一大圈。右手至上、至前堂拗步地界、不動。以下是演手錘、（精去声）

前堂拗步俗話

二次收來不須長、提（並）兩足聚一方、上從下刺進三步、緊接演手是前堂、前堂拗步類斜行、直向西北據中央、右手未合神已注、兩足不動似銅牆、

演手錘七言俗話第十一勢

鍊就金剛太極錘、混身合下力千斤、

勸君智勇休用盡、留下餘力掃千軍、

演手以手演而試之也、南方丙丁火其色紅、其性烈、以手捋錘、擊人其形似之、故名。前堂拗步左手摟罷膝、肐膊微屈、泛起來、與左乳平、手微弸住。右手從後轉過來、全身力氣自脚後跟上行、越臀股至肩、以注於右手指節精神聚此、一齊合下、落於錘頭上右手精只用七八分、餘一二分、以防後患是謂實中有虛。左手合住、虛中有實。右手錘頭發出、中間胸要合住、襠要合圓、臍下之氣、歸於丹田。左錘須用髈力。左膝微屈、撑住、踏好、須用纏絲精、外往裏合。右膝展開、脚後跟蹬住地、亦用纏絲精、外往裏纏、脚心窪住地、腿肚朝外、不可往裏夾。

第十二勢金剛搗碓俚語

第三金剛無側、身法端莊向北、
收斂精神如前、心平氣和則得

又

右足收回、與左並齊。面向北方、左手領起、右手隨繞

再打一金剛搗碓。頂精上

提腨精下垂、虛靈不昧具方寸。上提下籠君須記、漫把陰陽提。提起來陰陽動靜互根五內、形於外、只一個開合說盡。煞費精神、學惜分陰、細揣那執中精微理實氣空任天真、者纔是太和元氣。

此着法律與前無異、腨精要虛虛含住。左足實、右足虛、伏下着之脈。演手面向西北、此則轉向正北矣。右手往左足邊一收、右手隨左手繞一圈、打金搗碓。

披身錘一名庇身錘 第十三勢

一名撇身錘 撇上聲

撇身似斜形、
回頭看住腳、
右足往下曲、
七寸打至捉、
此勢雖至難
拳中第一着。

演手錘 十四勢

一名 背折 靠

右手向東擊一錘。中藏背折靠九分、左手伏在右乳下、預備回頭杜後軍。

庇身一勢最難傳、兩足舒開三尺寬。左右分開須後繞、兩腿合精似斜纏。右拳落在神庭上、穴在顖門上左手岔住左腰間。身似側卧微嫌扭、眼神戲定後足尖。頂精領起斜寓正、膌精合撑半月圓。右肩下去七寸靠、背折一靠自無偏。陰陽配停只自喻、此云太極變中拳。左右言手也、斜纏螺絲精也、變是變境。餘多正合、此是逆兩背折之法、半月膌中如新月初出、斜身形。正、是中精

庇身者、以錘庇護其身也。披身者手從中間停分披下、如面向北、右手領住右脚往東開一大步、身亦隨步涉下、泛起來、頭扭回、看住後脚尖。身撇住、腰微折、右乳微嫌向前一二分、左肩往後去一二分、神向前合。右脚尖向東北、右膝裏合。左脚尖從後往前鉤住、眼神注於此。頂精領住、身椿音莊雖是邪形、而邪中自有中氣貫注、此是身法。至於手法、當右足開步、右膝得屈且屈、右手領住右肩、從右膝下過去、離地七寸、是爲七寸靠。右手自下而上、由後而前轉一圈過來、將住錘落在顖門。左手自下往後、而前、亦轉一圈、將住拳落在腰彎。左錘與右錘、照住臉合住。左肘尖向前、與右肘尖照臉合住。左膝屈一二分、右膝屈八九分、兩膝照臉合住、此是上半着。前言右肩

去地七寸、如他人對面捺住我頭顱肩背、我即趁勢下去右肩、抵住他人膝下、左手扳住他人腳後跟、右肩往上一挑、訌左手鬆開、身往上速翻起來、他人自飛身跌倒、此為七寸靠、人鮮能久矣。

左手伸開、放在右乳之前。右錘從左手彎裏出、向東、肐膊伸開、打一錘。再者、右錘領住右肩、自下而前、而後用背折精、周身精力、俱用背折精、注於右肩、右肐膊背上。如弓下絃、弓向外弛、此為反背靠、亦為背折靠。如人大鋪身、以右手左手纏吾肐膊背、吾以右手領住右肩、背折打之。

披身、兩手由開合而合、精皆由掌後運行。開屬陽、合屬陰。左手之開、陰中之陽、合為陰中之陰。右手之開、亦為陰中之陽、合則為陰中寓陽。此本自為一着、因身法未動而與下着相連、故合為一着。演手錘用背折精、向內而向外、內本屬陰、外本屬陽。其開為陰中之陽。（言右手也）其合（言左手也）為陽中之陰。外繞為陽、內合為陰。以兩截論、上截為陽、下截為陰。前半勢為陽、後半勢為陰。

第十五勢肘底看拳

也肖獮猴象、仙桃肘下懸、凝眸看不食、靜養性中天、

四言俚語

左肘在上、右拳在下、胸襟含住、側首俯察、
左足点地、右足實踏、兩膝屈住、腨要濶大、
神完氣足、有真無假、承上啓下、形象古雅、

何謂肘底看拳、拳在肘底也。左手領起、右脚後跟一轉、脚尖朝西。左手從南往北、轉左肐膊屈住、露出肘。左足收到右足邊、脚尖点住地、屈住膝。右手自南而北、仍轉至南、捋住拳、落在左肘之下。眼看住拳、右膝亦屈住。面向正北、頂精領住、合住胸、腨精下去、其迹似停、其神停而不停。必待内精運到十分滿足、下着意躍躍欲出。右脚實左脚虛、左手自上而下、由外内繞、由動之靜。右手稍下、亦是由外内繞、由動之靜。

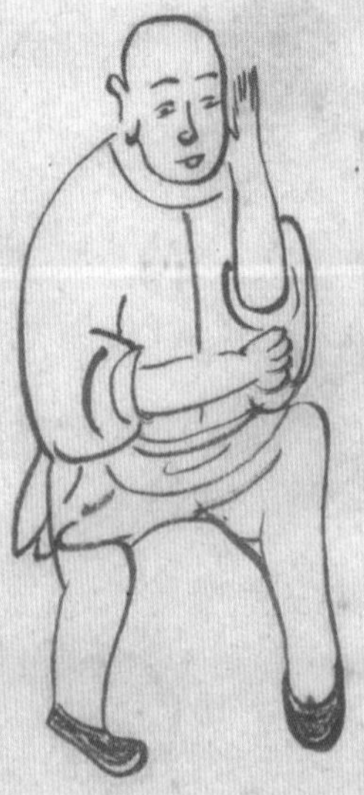

第十五勢倒捲紅俚語長短句

簾看珍珠倒捲、真氣貫住中間、陰陽上下遞更換。兩眼左顧右盼、退行有正無偏、一氣聯貫、似兩個車輪更迭轉。莫仰首送瞻、莫顛腿高懸。仔細看看兩個左右手真似那太和元氣、轉得十分圓。

嘗見有人弄一木偶小人、上下一条線繩、自首穿至尻下、底下墜一銅胡蘆機器一上、兩隻肐膊、更換倒轉、極活潑、如倒捲紅一樣、下頭胡蘆如腦精下去一般、甚有佳趣、可見物之活動者、皆可借以悟拳、

舉足皆前進、此着獨退行
兩輪如日月、更迭轉無聲、

倒者退行也、捲即詩言不可捲也之意、上着肘底看拳、乃此着來脈、此着左手在上。即從左手發端。先由。上。而。下。此是骨節脈絡處。此是本着搆上着。之結處。此即過脈。

處。不可不察。舉此以例其餘。學者不可忽畧。舉一隅、當思三隅之如何。左手由前而後、至於下、復轉至上、當始彀一圈。當其至下、纔半圈耳。其形如手掊（音庖取也）物。其精由指肚發起、過肘（彎）向腹、至肩、至手背五指稍。當左手至下、右手展開、揞（住）指、向西、由下而後、泛起至上、精如左手。右手由下至上、則左手轉至下矣。左手由下而上、則右手轉至下矣。兩手更迭迴轉、左手上、右手下。右手上、左手下。一替一圈轉環、如車輪輾轉。但車輪是一齊轉、此是左右一替一轉、倒退而行。其形雖分左右、意實相同。

中間身法要正。頂精領起來、腰微嫌彎些、胸要得含蓄意。腰精下去、左足隨任左手退行、右足隨任右手退行。兩膝屈三四分。兩足亦是一替一回更迭退行。其意亦是圓轉。其精先由僕參發起、（僕參足後跟穴）過膝後委中、（穴名）至大腿根、下至膝、至足指、轉一圈以本着論、即易坤卦也。雖六爻純陰、而陽未始不寓其中。是以大概言之耳。野馬分鬃、即易之乾卦也。雖六爻純陽、而陰未始不寓其內。但以本卦論、純陰只言純陰、純陽只言純陽、可矣。不必以互為其根參之。

第十七勢第二個白鵞亮翅

又展白鵞右翅開、虛擎兩手護懷來、沉肘壓肩蛾眉肖、一点靈機任君裁、

左右手往北上、不可直率、彎如蛾眉、又如初三四之月、又如角弓上絃、右足亦然至於應敵、能預定其理、能預養其氣、不能預其勢、打拳打到迹象脊化、方可、臨時隨機變化酌量進退、輕重皆宜、何用勢為、但以理御其氣耳、若一設勢、是有間可入、有間可入、人即下手擊我矣、即使能禦、亦非上乘、故不若無形與聲之為愈、

此着在易則為離卦

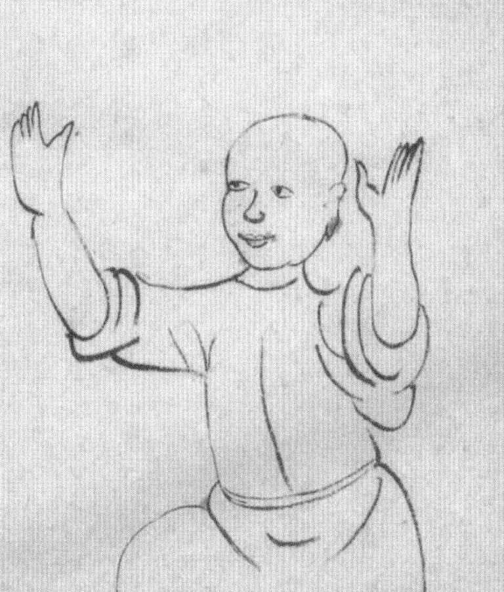

上着倒捲紅、因地之長短、酌量退行脚步之多寡、必須退行到第一個金剛搗碓地位、將停未停、左手看涉到下、右手從上涉到左邊、兩手相去七八寸。左右手皆從南繞一小圈、肐膊微屈、沉肘壓肩、自下斜向北上、眼看住兩手背。右脚向北開一大步、如弓彎而上、左脚亦隨住北上。右脚實、左脚尖点住地、虛以伏下着之脈。至此兩手

不停、自心口平分而下。右手外繞落在前、微屈肐膊、眼看住中指。左手外繞、落後、屈
肘、撮指、意與右手呼應。當左右手分開時、左脚隨左手、往南開一大步、其沿路足開之
意、亦如月彎之形。左脚較右脚前去一二寸、與前白鵞翅亮翅無異。後凡打白鵞亮翅
斂此。此係重出。上下着之過脉也。

第十八勢　摟膝拗步重出

猶是螺紋左右纏、平分秋色一輪圓、胸藏無限
神機妙、不似寰區硬手拳、。

手法、身法、步法、合法、一切與前無異。右手精由腋
至肘至指、用纏絲精。左手精由腋至肘至指肚、
亦是纏絲精。兩脇由外向裏繞一圈、是外之所
形、皆內之所發。左右腿精由大腿根、外往裏纏繞、至兩足停止、合住精、胸要合住、方有
含蓄。腦要下去、下腦、全左兩膝微屈合住。且兩旁要開。如此、方能合兩開。

第十九勢閃通背一名閃銅碑七言俚語

前人留下閃通背、右掌劈下大轉身、右脚抽回庚辛位、全身得勢似强秦、
一背何由叫閃通、丹田發脈最玲瓏、從頭順脊至長强、翻上全神力更强、
右手一合維一開、轉身右手向西來、右拳未捋如蓄勢、欲進未進尚能徊

閃者腰忽彎、而精往前去。通背者、腰彎下、精由督脈、順脊骨上行、過百會而下、歸氣海。腰涉起、精由氣海、順任脈上行、過前後頂、腦戶而下、至長强。是任脈之行、前通於後、為通背。閃銅碑、如碑壓住背、腰猛彎、長强臀骨、一齊上泛。頭顱肩背、一齊下栽。碑由後倒涉於前。如人忽摟住後腰、用此着解之、是為秦王倒涉碑。右手在前、先以右手向南繞一小圈、右脚隨右手往裏收三四寸。迨小圈繞罷、身椿把正、左脚收到右脚邊、脚尖点住地、是虚步。右手隨勢由中間涉下、至兩足內踝骨間。其內精由右背、過肩、順肐膊斜行至手掌、至指頭。腰彎下、左手與肐膊展開、精由指肚、上行而至肩。

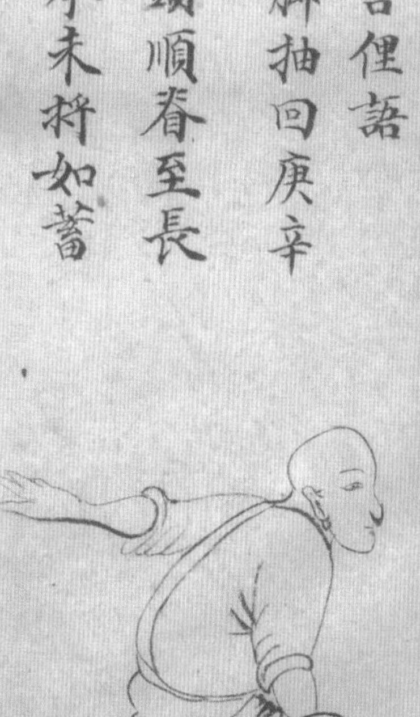

右手至下復泛上、肐膊似展非展、手過頭顱上頭、其精復由手回至肩。左脚向西開一大步。左手涉下、精由肩至指。右手自頭上、隨身倒轉、自北而東、而南。右脚急隨往身、往後撤一大步。右手自頭上轉到西邊落下、與脇平。至此、左肐膊涉起、手與首頂平。精由左指、行至肘、至此、胸向南。左肐膊在東似展似屈、左手彎住、右手捋拳、手背朝上、向東、從左手腕過、合住精、向東打一錘。右脚隨右手開一大步、脚落到左脚之東。身又從南而東、轉過來、面向北。右脚到東。左脚亦隨住跟到右邊、脚尖点住地。是始而面向西者、倒轉到面向南。何道來、何道去。繼則面向南、復進右脚、轉回面向北。此着是大轉身法、腰彎下、涉起來、此着已完。身倒轉、面向南、是上下過脈。頂精領足、不然恐腰一彎、即栽倒矣。膽精撑圓、脚底精自後踵至足趾、實踏在地、脚心窪、左(住扣)脚点地、雖較右脚微虛、着實虛中有虛。左足趾、如鉄札(椎)地、極有力。不然、恐向前跌倒。故上下全憑中氣貫注、神氣方不散漫。

第廿[illegible]勢演手

七言俚語

忽從背後兩家來、銅碑倒涉第一開、
再言進步如風疾、又令來者仰面回、

其二

連環進步向東催、拳打如風又如雷、
兩面開法皆一線、陰陽闔闢看鴻裁、

其三

轉過身來右手兩、須教演手與心齊、心口是敵人痛處
未曾動手先進步、紅拳合擊令悲悽·

前演手、左膝屈而撑。右足後(往)蹬。此之演手、右足隨右拳東進、脚落在左足之東。左足又跟在右足之邊。脚尖点住地。拳合住打。進步要快。右拳向東出去、左手落在左乳之間。演手界只到此。以下是單(鞕)上界。右脚實、左足虛。

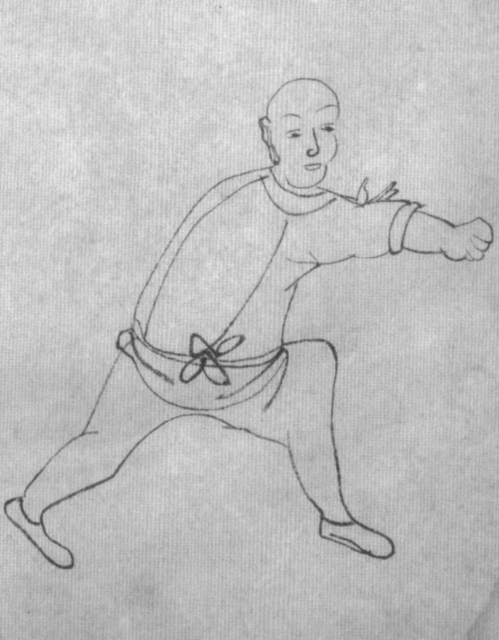

第二十勢單鞭重出

兩手分開又單鞭、膽開中極貫撐圓、
伏根如下千斤墜、領袖猶從左指先

右手稍往下刺、左手在左乳、亦向右 脇前、往下一刺。與右手皆向裏合。合畢。左手從右腋搯出、向西展開肐膊、眼看住左手中指。前手背側襦住向前合。後手背右手也朝北、東住指、亦向前合。二手指、針鋒相對。左足往西開一步、八字勢。右脚尖朝北。其餘身法內精皆與前同。

第二十二勢左右雲手七言俚

雙髻螺鬟左右連層巒疊嶂上摩天
無心出岫圖如畫噓氣成雲向手研

五言

雙手領雙足、左右東西舞、先由左足起、右手復西去、右足亦收西、兩手與眉齊、兩手去尺餘、內外轉徐徐、右手收回時、左手至西住、

何謂雲手、手之來往、如雲無心以出岫、任風吹以往還、手之往還、迴環伸屈、如雲之隨風舒捲、狀似螺環紋、亦象形也、

單鞭面向北、即往西橫行、先以左手往上領起、右肩隨勢鬆下、沉住肘、右手涉到右脇、右足收到左足邊、然後左手領住左足往西開一步、左手向上橫轉一圈、左足在下隨

左手往西橫開一步、左手左足一齊轉圈、面向北、手足皆帶月彎意方好。左手到西、右手自上而下裏收到右脇、亦在西。左手到西右足隨右手亦到西、與左足齊。左手再自上而下、向裏由下轉上、向西。左足亦再往西橫開一步。 當左手轉至脇則右手已自脇從下而上轉至東矣。右足亦收至左足邊矣。 當右手從東而下、至脇則左手自下而上轉至西矣、左足又往西開一步。 總之左手到上右手到下。左手到上向西轉、右手到下至脇、右手到上、左手到下。右手到上而向東轉、左手到下至脇。左右手一替一回更迭轉環。 左右內精、皆由氣海丹田發出。一分兩股岔。一行於左、一行於右。行於右者、上行至乳、斜行至肩、往下向裏纏繞、至大指掌。復前行、自大指外側、至次指、中指、至無名指、至小指外側。下至小指下手掌、由外往裏纏回、過肩至腋、至脇、復歸至氣海丹田。周轉一圈。左行者亦然。頂精提住。臑精下去。此上體精也。至於下體、內精亦由氣海丹田發出。也是一分兩股岔。一行於左、一行於右。行於右者、下行右大腿根裏往外纏、至內踝、由內踝前行至大指外側、越二三四指至小指、至足外掌、此兩處。用。精。大精由此至足心、裏上行至外踝骨、外往裏纏。上。復纏至大腿根、上歸丹田氣海、亦周轉一圈。左行者亦然、上下所行、一股氣也。但所行之路、有上下、左右之分、不得不以分者、分言之耳。至論其本根、皆由。心。發論其發動其外見者、皆由四手。足。先。動。此所謂孝弟也者其為仁之本與。斷章取意、形理皆類乎此。

此坎卦也

第二十三勢高探馬

何謂高探馬、如馬身本高、上又被鞍則尤高矣、人騎之非仰而探之不可、左手搭鞍右手持鞭而上亦象形也、

兩手相承如操刀、大敦点地稱英豪、古人留下此一勢、好似仰〔探〕駿馬高、

講

雲手、左手到西、右手亦隨住到西。手在脇下左足到西、右足收到左足邊。將停未停、隨勢

右脚向東北、斜退一步。右手領住左手、自下向後、渉上、轉到前。右手在上、左手在下。右手精、由背至腕。左手精由掌至背。右足落地時、足趾向西。左足隨勢收到右足邊、足趾点住地。右手如塔鞍之勢。左足如工磴之形。

第二十四勢右插脚

先將左足向南横、上擡右足面展平、
右手搯從左腋下、上往下打如相迎、

又

面南左足定根基、右手下迎定無疑、
混身合住腰微屈、東喂西打自相隨、

四言俚語

部位記清、面離分明、左足先横、右足跟定、
右手左搯、向足打平、

右插脚者、右脚往上撞三四尺高、而以右（手）自上而下打之、未打二起、先插此兩脚、演而試之、單脚能起、雙脚亦能跳起矣。必手挨着脚、方算。插脚。此又摩擦之意。

高探馬者、左足点地者、向前挪四五寸、足趾向南、立穩。左膝屈二三分、右足上在左足西、趾足趾亦向南、立定。然後右足向西、横不量撞起、約三尺。左肐膊似屈似伸前合住。右手從左腋下掐出、亦是横、不量向西、自上打下、打在右脚面上。必右手與右脚、一齊俱動、令手足往一處合打。右脚面展平、方能打得響。此處獨左脚在地、故更得踏實。頂精領起、膽精更要（下）得好。　身法、必合住胸、合住膽。右手與左手合住精、然後右手再掐、眼看住右手中指。右手精由小指後掌、下轉至大指掌、再轉至中三（指）肚、下至勞宮以上。打方有力。打畢、右脚仍落原初地位、要虛、以伏（下）着之脈。左手合住。指頭斜、似朝下。右手打畢、不落下、與乳平。肐膊伸而不屈。

左插脚第二十五勢七言俚語

再將左足面向北、扣合全身自有力、左手右插向下打、絲絲入彀方合式、

方人

四言俚語

面向北方、右足先倡、右足立定、左足再揚、
左手右揷、下合成章、中氣貫足、乃爾之强、

左插脚、先將右脚尖、扭向北。再以左脚上右(脚)之西、脚尖亦向北、立定。左足橫、不量往西猛撞起、約三尺餘、左肐膊亦微屈、左手與右手一合。合畢。左手從右腋下揷出、自東而西、亦是橫、不量、從上、下打、打左脚面。也是左手與右(左)足一齊發動、往一處合。左脚面展平、打畢。左足落下、脚尖点住地。面向北。當打左脚時、右膝微屈二三(分)頂精領起。脚底要踏實。膉精要開。 身法與右插脚無異。內精左與右同。

第二十六勢雙風貫七言俚語

轉過身來面似東、全憑真精貫當中、
兩拳蓄勢機若動、一展雙耳貫清風、

何謂雙風貫耳、兩肘屈住、猛一展開
左右手從左右耳邊過去、風入於耳、
會意象形也、

講

左插脚之左足、纔落在右脚之西、即（撞起左足從）西而南、放在右脚之東、面向南矣。迨兩拳操住、似向東發。面亦微向東矣。兩肐膊猛一展開、即為中。單（揀）手往耳邊過去、即為雙風貫耳。內精、身不往西去、墜不（住）身、即跌於東矣。兩肐膊精、由脇上行、過肩、至指頭、須用纏絲（精）肘屈為陰。肐膊伸開為陽。此是大概。至於屈中藏陽、伸中藏陰、自不必再言。

第二十七勢中單鞭兼蹬一跟

轉過臉來面向南。此上言東、此言南、先由北轉向南、再由南而東、東蹬一勢左足懸。欲入虎穴取虎子。先使太極中單鞭。

何謂中單鞭、身居當中、兩手一齊展開、與他處先懶插衣、後拉單鞭不同。何謂蹬一跟、左足向東撞起蹬一腳、此着與上着相連、皆象形也、雙風貫耳、由屈肘至此、兑卦也一陰二陽、亦象形也、

此着承上着中單、兩足立定。左足撞起、向東蹬一腳。內精由丹田發、一岔兩股。一股由大腿下去、至僕參止。僕參脚後跟穴立好。身微向西歪。中氣貫住。方能穩住。一股由左大腿下行、至左足僕參、用精一蹬。兩腿皆纏絲精。右膝微屈。頂精領好。膽精下好。纔穩。

第二十八勢下演手錘

放開脚步向東貪、十分精神只用三、下擊一捶用制命、好似身將虎子探、

講

何言手下演手、與前向心口平打演手不同、故别之亦象形也、此艮卦也、

左足向東蹬畢。左足落地、左手向下往後去。右脚往東開一步、漫在左脚之東。左脚再往東開一大步、屈住左膝、右手自西向東從上往下、打地一錘。大開襠。身雖栽下、頂精領住、右足後跟不可掀起。胸中横氣卸下。内精、右脚霸住、不令前去。滿身精神、俱聚在右拳上。精由尻上行、順脊右旁上至肩、至右拳止。胸要虚虚合住、不可塌下。右足四分力、左足六分力。此着是扭一精身法。右手在前、左膝亦在前。左手在後、右足亦在後。中間無肋處扭

艮止也時止則止、時行則行、動靜不失其時、其道光明、

兼山艮、君子思不出其位、

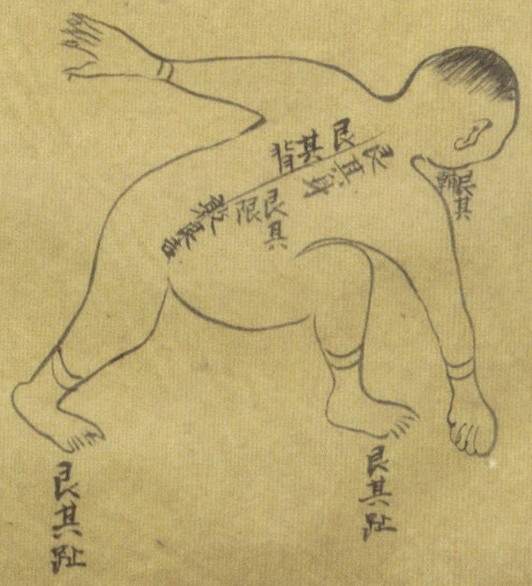

一精、方纔合式、

第二十九勢二起五言俚語

二足連環起。全身躍半空。不從口下踢。何至血流紅。

七言

中氣提來膂力剛。連環二起上飛揚。若非先向東伏脈。西踢馬能過鼻梁。此着雖先由脚踢、全憑中氣貫足、頂精領足方能跳得高、起得利

二起者左右足、連環跳起來、亦象形也、。右拳栽下至地、左手在下、領住左足、往上一躍、離地二三尺高、未落下。右足隨住左足、亦躍起、至五尺高、是右手領之。右手從下至上、展開手往下打右足面、右足必須展平。其打之形、右手由下而上、由東而西、再由上往下打。打畢。左足先落地、右足後落地。右足往西開七八寸、左足亦往西、涉過右足之前、開一尺餘。身往下下、露出左膝。

此在空中非在地上坐

左右手從膝兩兩邊平分兩下。頂精領住。腰精辞住躍起。 頂精往上一領、丹田精往上一提、則全身俱起。腰無脇處如磨管心、往西一轉。右手在前、左手在下。右手合打右足。極乾淨、極靈動。較之未踢之時、右手先繞一小圈、爽利、但稍難耳。

第三十段勢 獸頭勢七言俚語

兩拳上下似獸頭、左足点地又一收、護心拳裏無限意、欲用剛强先示柔。此着一名護心拳

四言

兩膝要屈、兩股要束、言其意也 立而不直、兩拳合伏、

何言乎獸頭右手下、左手上、其勢如房上獸頭亦象形也、二起罷左足在前、兩手平分下、左足收在右足邊脚尖点住、伏下着伏、拧住拳、合住胸膛精撑圓、神氣貫足。其手一上在上、一在下、為獸頭勢、兩手平分、樹起身、無論左右膝、向他人腦中往上頂、即為分門椿。兩拳向耳関一對、即為加對鞘、皆不可輕用。

第三十勢踢一脚。上一勢乃獸頭勢之下踢一脚之上。過脚脈也。

五言

左脚朝上踢，恒人多不識。兜腤只一下。管教命遂没

七言俚語

眼前壁立對天關。劍閣中空似月彎。喻敵人腤開也上句是敵人以刀窮我若遇英雄刀如虎。一脚踢倒萬重山。

踢一脚以左脚上踢，象形也。無上着之收，則下着之左足踢去無力。無上着之收，則下着之左手，不能放。既收之後，再將左足尖点住地。敵人頭向下，即撞起左脚，踢其頷下帶承漿。敵人頭向上，即下踢其腤中。兩手亦隨勢開展。內精由丹田發，行至左足指，踢方有力。右精下行到足，脚心窪住地。胸要得含蓄意。此着非到難處不可輕用。

第三十二勢蹬一跟七言

左脚向西往上踢。兩手捺地似虎力。倒懸身法朝上蹬。翻身演手照胸擊。

其二

再将右足上磴天。順往右腿蹉無偏。兩足朝上似並蓮。兩手踏地身倒懸。

何謂蹬一跟、以右脚往後蹬、亦象形也、左脚踢罷、面向西者、從北轉過面向東。頭朝下、兩手按地、朝上蹬。如吾以左脚踢人、人捋住吾脚、吾即以右脚朝上蹉他人之手、兩蹬之。渾身精力俱用在右脚後跟上。内精、下行至僕參穴、蹬方有力。兩手下按地、背精由膽上行、至兩肩、又前行到手指。前胸内精、由氣海上去、至腋前、順至手掌止。手往下捺地、足往上蹬人、一齊發動。

第三十三勢演手捶重出

左足落地最為先、右足落在左足前、
再將左足進一步、試我神力飽空拳、

講見前

蹬一跟畢、左脚先落地、帶落帶身自東往南轉、右脚往西落地、亦帶落帶往南轉、兩手伸開、隨左右足取勢、左足從東再漫過右脚之西、去右脚二尺餘、放成八字勢、而之向東者、自南而北、既轉向北矣、右手自下而上、轉向正西打一捶、須用髈（借字）力、方有精、要合住肘、至於内精皆如前

第三十四勢小擒打一名小擒拿

何謂小擒拿、上驚下取、以小術拿人、以小術擒取打之、會意也、

七言俚語

後足跟在左足邊、左足撞起再往前、左手提起如遮架右手一掌直攻堅、

其二

摑肚一掌苦連天、偷從左手肘下穿、任從神手防不住、何況中拳盡浩然、

打畢演手、右脚跟一步、到左脚前、左脚在再往西進一步、左手向南轉、提在上邊、手與肩齊。右手從北轉、落在左脇之間。左肐膊屈住、五指朝上、肘朝下。肘尖在右手之上右手在左肘之下、用橫推橫打之勢。左腿膝蓋、也要露出。頂精領住。腰精剃下。腰精合住下（去聲）下（上聲）眼神注在右手。

第三十五勢抱頭推山七言俚語

方文蓬萊海上山、仙人偕侶慣登攀、誰知天下奇男子、童竟欲抱頭推紫關、

此兑卦也

其二

推山何必上抱頭、精力由來據上游、自是下方根脚稳、推倒蓬瀛蓋九州、

何謂抱頭推山、兩手抱住頭、向前推人、如推山然、亦象形也。兩手鬆下、兩肩亦隨勢鬆下。身扭回、面向東。右足收回屈住膝、脚尖点住地。兩手從右膝上、平分而下。兩肘外方内圓、兩手自下而上、由外而内、合住精、向東推。右手在東、左手在胸。右脚向東進一步。右膝微屈、撑住。左足向後蹬住。右足如八字撇、踏稳。其推之勢、兩手從耳邊過去抱住頭、向東推。中間横氣要卸淨。左膝屈一二寸。身法面向北、比向東蘊籍。胸或向東北亦可。眼看住兩手。用精全在腰。與手。足。頂精領好。腦精下好。方見稳當。

第三十六勢第四個單鞭七言俚語

抱頭下勢是單鞭、膌口分開匕月圓、返樸歸真神內斂、任憑何處奮空拳、

其二

單鞭左足向西開、右手徐徐順勢來、上接抱頭推已畢、前昭去路莫能徊、

此離卦也

推山畢、左足收在右足邊、腳尖点住。左手與右手照臉一合、左手從右脇乳前揩出自東向西、拉開單鞭、當未拉將拉之時、左足隨住左手、一齊拉開、眼神隨左手一齊行走。待左手內精走足眼看住左手中指。左腳放成八字勢、右足正南正北、立定。餘皆與前單鞭同。

第三十七勢前昭　第三十七勢後昭此連二着故列在一處

此着就上單鞭形勢前昭七言俚語

眼看左手是前昭、龍頭（言左手也）起處是根苗、
自北往南纔一繞、上（言左手也）領能降滿山妖、

前昭後昭合言

眼顧左手是前昭、回收右手似靈貓、
左領右卸容易轉、不為五斗也折腰、

後昭

眼看後手是後昭、
膻中愈下似虹橋
兩肩卸下胸含住、
屈肘屈膝並下腰

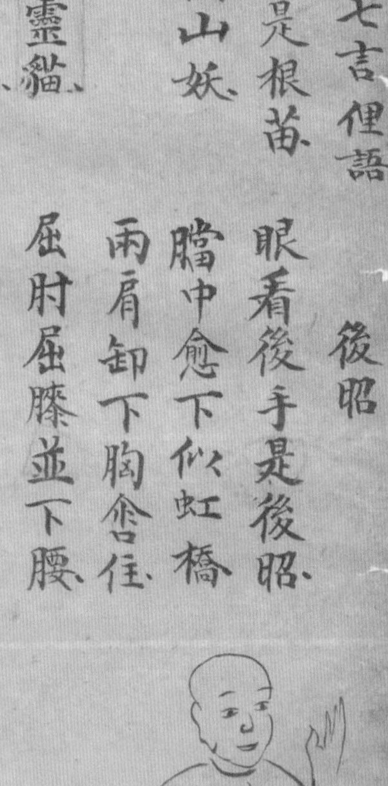

單鞭左手在西、自北而南、帶繞圈、帶往上領、是為前昭。左手領起來、右肩卸下、右肘收在右脇、手指朝上、眼看住右手、是為（後）昭。右手亦是自北（而）南、繞一小圈、右膝屈住、脚尖点地、是虛步是陽歸於陰。此着全為下着設勢、是引精。右手越收足身愈束得小、轉関愈靈、得勢全在來脈、出奇全在轉関。左手上領、精由肩而至手、陽精也。右手精由手而歸於肩、陰精也。其實陽發而陰回、陽往而陰來、一股精也。上邊左手領、左足亦隨左手而去。右手收回、下邊右足亦隨右手收回。上下相隨、一氣貫通。吾故曰是一股精

第三十八勢野馬分鬃七言俚語

兩手握地轉如飛、中氣上下貫不倚、學者若會其中意、何懼臉前劍戟臨、兩手握地、身法下去、手擦地而上、轉如飛者、如鷙鳥之飛、由下而上、由後而前、言其疾也、中氣貫住、頂精上領、臑精下下、

此着純用陽精。而陰柔實寓陽剛之中。乾象也。

其二

一身獨入萬人中、此際纔知大英雄、兩手飛風分左右、好同野馬自分鬃、

何謂野馬分鬃、人往前行左右手舞、如馬馳於野、鬃分兩旁、亦象形、此乾卦之象、 左手收畢、身往下一煞。腰精下去。頂精領起來。中間上下中氣貫住。如中流砥柱。動而不動。不動而動。兩隻肐膊、如在肩上挂着。活潑潑地。兩肘沉住。兩膝微屈。兩手伸開。左手領住左腳、由下起、向南而上、意若向東南、左足往前開一大步。右手領住右腳、手握地起來、向北繞上、意若向東北、右足亦前進一

大步。則是左手到上、右手到下。右手到上、左手到下。更迭轉環、圈能大儘管大。形勢正與倒捲紅相反。此與倒捲紅、皆是大鋪身法。必待右手到前、左手在下、方止。

第三十九勢單鞭重出不再繪圖七言俚語

右足東翦立東邊。左手向西拉單鞭。上下精神皆貫足。安排下着向偏東偏。

左手在前、右手在後。以右手領住右足、自下而上、由後而前、順繞一圈、足向東躍一大步、三四尺許、脚落住地。左足跟至右足邊、脚尖点住地。然後右手領住左手、先一合。凡言合、手合、則週身精皆合住。此由動之靜、欲伸先屈之法。合畢。然後左手從右乳外向西拉開單鞭。越緩越好。拉單鞭時、左足向西開一步、足趾向西北。右足正南正北。眼看住左手中指為的。

第四十勢玉女攢梭七言俚語

天上神女弄金梭、一來一往織綾羅、全身攢過追風迅、一道祥光寫太和、

何謂玉女攢梭。因住身法、如天上玉女。身向東攢、如神女攢梭。象形也。

上着單鞭左手上領、右肩鬆下。身法團聚愈小愈好。為野馬分鬃飛身而上設勢。不如此、足跳不開身亦飛不上去。蓋不屈則不能伸。不屈而又屈必不能伸而又伸。此着單鞭也是左手上領、右肩鬆下、右肐膊屈一二分、手側摽住。自下而上、由北而南、順轉一圈。初學圈轉要大。及成功、愈小愈好。極言之骨髓一轉、圈即轉過。甚至神情一動、外面圈即轉過。吾見先大人耍此着、極小、極細、極微。外面視之、肐膊如不動然。其實內精一動、如太和元氣、旋轉一般。是識吾身之元氣即天地太和之元氣也。此着左手繞一圈、領足。右手與肐膊、肩背、愈轉得靈動。左手方上領時、右足提起、亦轉一圈、足趾点住本地。再以左足向東躍一大步、盡其全力、愈遠愈好。左手從右肐膊上攢過去、此是一大轉身。

身法自西而東、自南而北、落脚先落左脚。右脚落在左脚邊、脚尖点住地。有急流返退之意。脚步要站得住立得穩。

第四十一勢擘插衣重出不再繪圖　第二伺擘插衣七言俚語

玉女攢梭步蓟東、輕身直入衆人中、立定左脚開右脚、又展右手如張弓、

右足向東開一步、趾向東北。右手從左腋指出、向東展開、眼看住右手中指。肐膊似弓彎勢。左手岔住腰。週身形迹、内精、與第一擘插衣同、

第四十二勢　第六伺單鞭七言俚語

玉女攢梭擘插衣、承上言 再拉單鞭理更微、神機養到無迹處、一散便似雪花飛、雪六出、言左手是第六單鞭也

内精、心氣一發、由合而開、左肠亦是裏往外開。右肠由前往後去些、上下皆用纏絲精、待内精走足、然後上下俱要住合住、神方聚而不散。

擘插衣畢、左足收到右足邊、脚尖点住地。左手收到右腋、即從右腋指出、向西展開、左足隨左手亦向西開一步。眼隨住左手行、待左手展足、停住、眼看住中指。肐膊微彎、似弓。内精由丹田上行至肩、纏至大指掌、復上行至五指肚、又從小指掌、内纏至外腋、復歸丹田、轉一圈、左右精同。下体精、從丹田一發兩股、一股下行、裹往外纏、過踝骨至五趾肚。復由足外掌外往裏纏、上行至丹田。左腿亦然。

第四十三勢　第二個雲手七言俚語　圖見前

一來一往手又雲、旋轉與前不差分、上承來脈也一樣、左足微殊起下文、

講

左手向西往、用背折精往工領、即帶動右手由下往裏收。右腳亦收在左足邊、不立。不。停。右手由裏而上、向東舞。右足亦由裏、向東開三四寸。右手向東舞、即帶動左手由下往裏收。左手收至左脇前、亦不。停。留隨勢由下而上、轉向西舞。左足由內而外、向西開一步。左手向西舞、又將右手帶回、至脇。左足向西橫開一步、又將右足收回、至左足邊。手一替一回雲、足一替一回往西挪一步。至二起地位。左手恰好至西止。左足亦恰好至西。左足向西開步、不與前同。末尾、左足向西開步、微嫌往西北一点。左足落地、雲手之足、至此止。因一氣旋轉、不易形容。故不憚煩言恐人見左手向西舞、而以右手不動。右手向東舞、而以左手不動。如此則視左右為兩橛。不然、又將左右手足混成一盆、眉目不清矣。又要能血脈貫通、一氣旋轉乎。故當細審、又當活看、方得。

第四十四勢擺脚

何言乎擺脚、右脚抬起、從南往北擺。右手從北往南、橫不量打右足、亦象形也。

雲手末尾、左手到西、左足向西北開一小步、右足落在左足邊、即抬起向西南往北擺、脚去地三尺。左右手展開、一齊從北往南、橫不量打。脚與手、一齊橫打、令其對頭。左右手到東南、右脚到正北、西向正西者、轉西南向。右脚猶在半空懸着、擺脚界限至此而止。以下是跌岔前界。雲手代雲代領、手從下自南往北、轉一圈。再從北往南擺。左右手至東南矣。復從東南轉回到東北、在空中懸。手之界限至此而止。左膝微屈、臑精微下、手打足之趾、足尋指之肚。令其兩相向、對頭。

第四十五勢跌岔一名一堂蛇

跌岔者、人跌在地、兩腿岔開、一堂蛇者、在腿在地展開、如堂上拖一条蛇、亦象形也、

七言俚語

上驚下取君須記、右足擦地蹬自利、右股屈膝膝挨地、離形得似蛇無異、

擺脚圖

一堂蚍五言

右足朝工擺、左足下擦地、足向西南蹬、又是攻無備、用弓背朝下精、又如月鈎朝上之形、左手與左足自上而下復自下而上、自上而下是跌岔界限、自下而上、是金鷄獨立界限

擺罷脚屈住膝、兩肐膊展開、左手隨住左足、右足往下一跌脚、左脚後跟從膪中向西南拖開、臀股坐止地、右膝挨住地、胸合住、膪岔前開手為陽、右手為陰、左腿展開為陽右膝屈住為陰

第四十六勢金鷄獨立

聳身直起上冲天、左手下垂似碧蓮、

金鷄宛然同獨立右腿屈膝看高懸
玉堂金蛇上(上：言從下而上也) 如弓(言內精也)往脈上尋督脈通手端頷下。膻頂膝(以我之膝頂人之膻)一
着即可決雌雄

何謂金鷄獨立、如鷄一条腿敲起、一条腿在下、爪落地、象形也 當臂股坐在地、即以右手與左手一合、左脚指頭與右膝蓋往裏一合。左右脚後跟即皆著地吡力矣。頂精往上一領、兩腿隨往一(齊)俱開、兩足僕參一吡精、身即向西南起來。左手領住左足、足踏住地。右手擦地而上、如新月形、伸開肐膊、五指朝天。右膝屈住、向上頂、懸起起來。身法皆向西南。內精、右手、手掌向裏側襦住手。精由丹田至脇、至肩、貫至手指、與左手一齊往(前)冲上去。上頂他(人)頷下。右手猶往(上)冲、過頭頂。右膝頂在他人膻中。左足立定、左手下垂、屬陰。右手上冲、屬陽。

第四十七勢朝天磴

右足落地左足懸上擎左掌磴朝天、

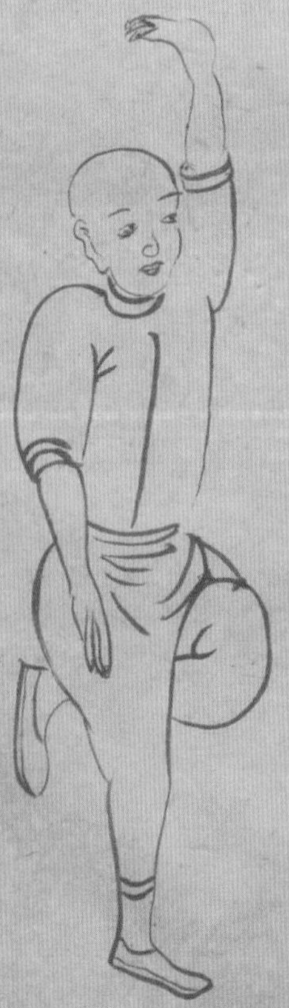

達人若會其中意、好似金鷄一脈傳、

何謂朝天蹬、如手掌朝上、如馬蹬朝天、亦象形也。 金鷄獨立畢、右手從右耳下去垂下。右足向西北落下、脚心窪住地。左手領住左脚、亦如新月之形、上去、左手掌朝上、指展開、如馬蹬、故名。此着與上着內精、其中氣自下而上、過中脘、逾天突、至百會從後涉下、順脊下去、至尻前、旦中絃之中、歸丹田。其右手精、手握地、從肘後上去、從肘前彎外邊、至肩、至脇、歸丹田。此精皆歸丹田之時、此精即發、由左邊上行、至手掌與五指所行之路、與前不同。左手之精、由小肚腨上去、復從小肚腨下來、手至脇不停。朝天鐙界至此。當左手上領時、左大腿股、屈膝、亦上去。朝天鐙腿界至此。為與下着相連、故畫界分明、總之、心如此用意、身即隨之。如此方能以浩然之氣、渾灝流行運轉週身。上下與天地同流。陰陽之氣、本是一氣貫通。但所行之路不同、亦各從其宜、斷不可分成橛耳、手是一股精、足是一股精、中間中氣又是一股精。此本一本散為萬殊、萬殊歸於一本意。

此兑卦之象

第四十八勢倒捲紅重出圖見前　七言俚語

朝天鐙右手垂下、右足踏地、左手在脇落下、左足隨住左手落下、即是倒捲紅。左手與左足落下、右手即與右足涉上。更迭迴轉、圓如車輪。與前無異。內精手掌精過肘由腋至肩、行至指甲、轉一圈。兩腿精、由脚後跟上行腿彎、至大腿根、下行過膝、至足指、亦轉一圓。退行地位、與前同。必待左手與左足到後、止。

朝天鐙下倒捲紅。左手先回快如風。左手轉回右手轉。退行一氣轉鴻濛。

第四十九勢白鵞亮翅　七言俚語

兩手向右轉螺紋。引進落空纏千斤。雙雙擎如飛龍劍。胸前合住待平分。如人用手斤力來我、以手纏之。

倒捲紅、左足落下。左手領住右手、涉到左邊、兩手先自北而下、由南而上、繞一小圈然後右手領住左手、彎曲涉到北邊、右足往北開一步、左足隨之、亦往北、立於右足邊、脚尖點住地、亮翅界至此。內精手掌與中指根對照、順轉一圈。左小肐膊精、由肘尖上轉至內肘尖。右肐膊、由內肘尖上行至手指肚、下來至外肘尖、亦轉一圈。此是分疏。合論之心一動。上下、手足、中間、精皆由氣海丹田發出。或行於左。或行於右。至於手足之指。仍纏繞回去、歸於丹田。與前無異。不必再言所行之路。故但言手與小肚腸之精、如何行走。舉一以例其餘。

第五十勢摟膝拗步重出

此着與上着、分之則為兩着合之則為一勢、白鵝亮翅畢、兩手從中心平分下去左足隨左手、南開一大步左手摟左膝過去、手至後脊骨、撮住指腕朝上。右手從由右膝摟過去、由下往北上轉至南、至心口止、側標住手。中指。與鼻相照。其初、手足一齊發動。中間一齊行走。至終一齊停止。頂精領住。襠精下去。兩手、兩足、兩肩、兩膝、要一齊合住。內精見前。胸要合住、得含蓄精。

此坎卦之象六爻皆動即變成離卦之象、坎是已成之象、

第五十一勢閃通背　五言俚語

何謂閃通背。拳法大轉身，卸肩先卸左。一氣運如神。

閃通背、先將右足往裏微收一二寸。然後以右手領住左足、亦往裏收、收至右足邊脚尖点住地、是虛脚。當左足未收時、先以右手自上而下、由南而上繞一小圈、待手涉到上、然後右手從中間、自下而南、涉至上。復從中間、劈下去、手至足、止。左手在後展開肐膊。右手在前、隨勢涉上、過頭頂。左足往西開一大步。右肩卸下、右手隨住卸下。右脚隨身法轉、落至左足之西。右肐膊展開。頂精領住、膽下去。通身上下、貫成一氣。閃通背界至此。内精全以右手領之、右手繞一小圈至下、内精即歸丹田。右手涉起至頭頂、内精亦上行至頂。順脊而下至尻。待右手右足至西邊、内精含蓄、渾然不動、以待下着。

第五十二勢第五個演手錘　七言俚語

演手紅錘合住打、打來還是髒力嘉、錘精有力休用盡、渾身蘊蓄鬼神怕、此處演手與他處不同。他處演、手、左足在前、右足在後、蹬住不動。此處演手、從西合住、往東打。右足蹬住、也好。即隨右手涉過左足之東、亦好。合住膂力、精由右脚後跟、上行過臂、至錘、全身精神皆聚於錘。

第五十三勢單鞭重出

演手畢、右手與右足在東。左手在西、與右乳平、看住右手。右手自南往北合、左手自北往南合左右指頭神情照臉、上下一齊皆合住。上下一齊皆用纏絲精。右手用精微往下斜剌。（音七）頂精領住項、不可硬、亦不可軟。胸要含住。腰要慈住。環跳與脊根一齊微泛起來。腦要閑圓。上下左右骨節皆要合住。皆要用纏絲精。骨節、手節、肘節、兩肩兩膝兩足大指也（皆合住）内精皆由丹田發、一行於左手、一行於右手、皆外往裏纏。兩腿亦是外往裏纏。皆至指頭。其合時、必左足收到右足邊、脚尖点住地。（拉開單鞭）兩足須要沉重踏住地。至於主腦、全在心與眼。心神一動、説合上下左右、一齊皆合住。合畢、左手從右乳前彎曲向西拉開、須用中氣而行。（此肫膊之中氣）左足隨住左手、往向（西）開一步。待左手精走足、然後左足指方實在踏住地。精亦走足左膝蓋露出、撑住。右足向後蹬住。右肫膊微嫌背住。　單鞭必待閃通背身法大翻轉過來、演手錘畢、左右手精合足。然然左手領住左足向西拉開單鞭、左足横不曡向西展開。此着在太極拳中、最平正。前後左右、上下、皆顧得住。不偏不倚陰陽相停。金剛搗碓是太極陰陽初發動、極渾涵。極平正。故爲第一着。除此以外、數單鞭平正。離中虛實單鞭之本象也。

第五十四勢第三個雲手　七言俚語

左右雲來手無偏、雙懸日月照中天、横行休動將軍柱、兩翅凤飛須自然、

雲手、先以單鞭之左手、其意自北而南、先繞一小圈。左手領住左脚、領起全體精神、當左手領之之時、左手往上提、臑精下去、右肩鬆下、右手自東屈彎而下、肘往裏收至脇。右足收到左足邊、此右雲手半着。右手從東至脇不停留隨勢自脇、往上、彎曲向東雲其右手。右手往東雲時、左肩即鬆下去、左手從西自下彎曲往裏收、至左脇、此左雲手半着。左手至脇、亦不停留隨勢自左脇、往上彎曲、向西雲其手。左手往西雲

左足隨住左手、也是彎曲、往西開一步。此纔彀一圈。文無直筆、拳亦無直勢。左手與左足到西、右手至脇、右足收至左足、屬陰、是收斂意、再向外雲手、屬陽、是開展意。至於右手與右足到東、左手上、右手回、更迭轉環、如雲之迴環、皆螺絲文、故名。左右手更迭轉、左右足亦更迭向西開步。問至何地位止、曰至前之高探馬。其停止時必待左手左足至西、方停止。不然、下着高探馬接不住。必如此、則下着接來自不費力。此是過脈處。此處得勢、下着勢如破竹。每着各有起落、各有正位。與上着接處是上着之終、本着之始也。與下着接處是本着之終、下着之始也。上接是來脈、下接是去路。中間即是正位。仰承俯注、結構分明。自始至終、自然一氣。何隔閡之有。

第五十五勢第二個高探馬　七言俚語

赤兔烏嘴立虎牢。劉關翼德逞英豪。溫侯未與三員戰。已服桃園探馬高。

雲手畢、左手在西、腕朝上。右手在脇、腕朝下。右足在左足邊者、往東北退卸一步。左足隨住右足、收在右足邊、足指点住地。兩膝蓋露出、襠中撐圓。當左右足退卸時、兩足右實、左虛。左足点地。兩手自上而下、退卻一尺四五寸、不停留、自下而上、往西去繞一大圈。兩手涉到胸前、右手在上、腕朝下、左手在下、腕朝上。上邊頂精領住、胸要含住。兩腋不可夾。兩眼看住兩手。左右手轉圈時、以右手領左手、以左手隨右手。如人以兩手捺吾左肐膊、其勢不得不回。回、即引也。回、非空回、乃稱住他人之手而回、是為引進之法。待吾引足、然而後左肐膊、忽然一轉、是人落空之由。然其轉貴神速靈敏。人捺在肐膊何處、即從何處猛轉、猛進。是謂本地風光。不可強頂、亦不軟接。強頂勿論不能打人、即能打人、人亦不服、而況不能打人乎。軟接擎不住他人手力、必受虧矣。況左肐膊本笨、就要得加倍用功、時時運用、久則功夫純熟、如其右手、笨者靈矣。誰謂宗廟之美、百官之富、不能見乎。　兩手領住轉圈、滿身筋脈皆隨住轉圈。胸含住、方能運用週身。腦精撐開、抱合住、要沉下、能沉下則上棚不動。

第五十六勢十字腳　七言俚語

左手顧左右顧右。十字靠打正心口。左手橫掃敵人腰。右腳北擺真無耦。

兩手排成十字、轉身極有意致。左手打其右脚、右脚横擺誰知。先寧左脚後跟、右手西繞、連臂。一轉、即卸右肩、轉即轉身西向、西轉成西向東十字靠打無比。

何謂十字脚、右手在下、左手在上、放成十字勢、象形也。十字脚、先將高探馬之左足、漫在西北、脚尖能向東北且向東北。甚至不能、則向正北、以伏轉身之勢。機関全在放此一脚。此脚放不應、以下轉身、定然艱澁。高探馬右手在上者、自北而下往南放在左脇下、肐膊展開。高探馬左手在下者展開左肐膊、放在右肐膊上手放右乳下、掌朝上。左手放畢、然後右腿向左邊抬起來、去地二三尺許、左膝屈住、露出膝蓋。左手自北而南、右足自南而北。待其對頭、而以左手打其右足。右足不可落地、必待左脚後跟一寧、面向西者、身從西轉過來、面向東。右脚始落在左足之南。十字脚界、只到以左手打右足、止。以下是指膛錘前界。十字脚是指膛錘過脈。上下兩着相連、故特分之、以清眉目。

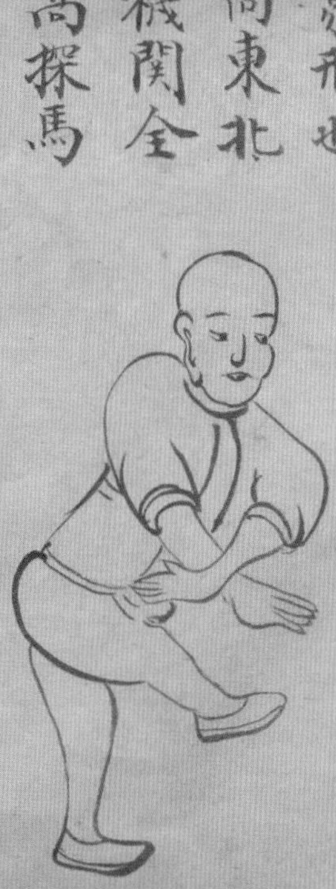

第五十七勢指膾錘　七言俚語

二人對敵要留神。一勝一負判君臣。讓過風頭須用髈。指膾一勢定傷人。

何謂指膾錘、以我之錘、擊人之旦、亦會意象形也。上着十字脚、左膝微往下一屈。左脚後跟一寧轉、全身扭轉過來、面向東。左肐膊展開、復屈回、岔住左腰。右脚落左脚之南、左脚微向東北、開一大步、露出膝蓋。右肐膊自下而（涉上自西而東、）西往下向東合到臉前、用右髈力、與全身精神俱聚於右錘頭、眼神亦注於此。胸要含住、合住精、不可有橫氣。頂精領住、腰精剸下、膾精下去、又要開圓。兩足要沉實踏地。膻間要虛靈、能虛則左扭右轉、渾身上下、無不靈動。然其主在一心、心中不著一物、自然虛靈。心一虛靈則全身無不虛靈矣。不然、上下左右前後、必有受人之製處。背上本來死煞、尤不可令其少有滯氣。

指膾錘、手背朝上、掌朝下、勢如羣山萬壑赴荆州。雖是空錘、不啻有千斤

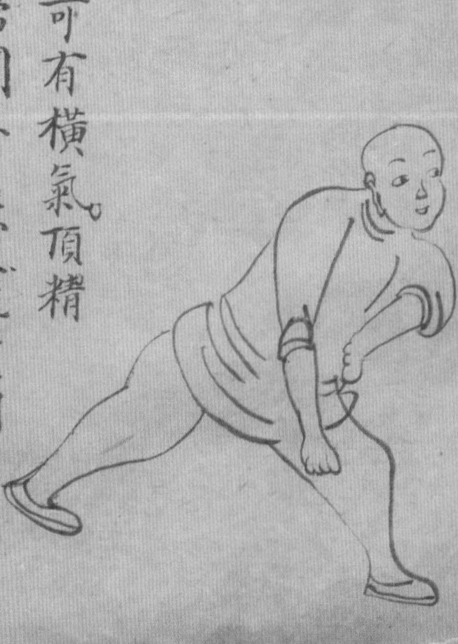

力氣。肐膊微屈一二分、前後虛實兼到。雖是實錘、而實中有虛。背雖是虛、而虛中有實。右肐膊微屈。不屈則下着轉關不靈。眼看住錘。心神無所不顧、是謂面面俱到。

第五十八勢青龍出水　七言俚語

翻身繩鞭百鍊鋼。青龍出水似騰驤。海底一翻銀浪湧。飛身雲霧罩山岡。
不是青龍躍九淵。也同電影掣金鞭。一道祥光飛至迅。始知太極見神拳。

指膛錘錘出去、似一條青龍從水中出來、亦象形也、指膛捶捶精走足、精神虛虛含住後。然後將手腕徐徐往上一翻、肐膊亦隨住捶、向自己身邊、微引四五寸。自下往北繞連引帶翻、至肐膊肚朝上、捶頭向臉前正東擲出。如疾雷一響、龍從水中躍而出、勢不可遏。捶領肐膊、半屈半伸、連轉代進、翻轉肐朝上、手背朝下、形如龍尾攪水、故又以

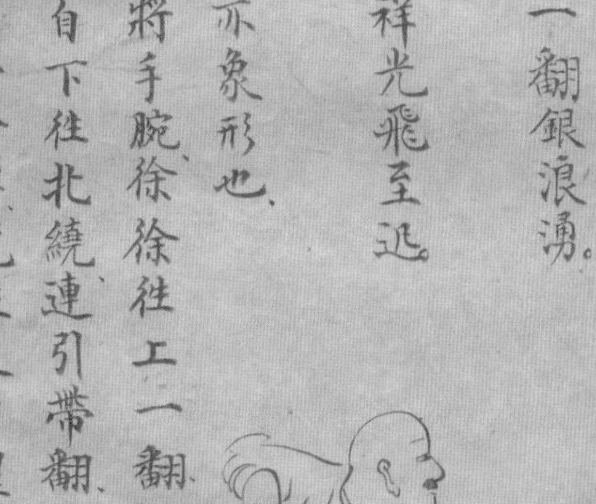

黃龍三攪水名。此但形容捶肘之形。至於身法右肩往下一卸右半身隨捶翻轉。鏈轉一圈身法亦轉一圈。以右手為主。右脚往東躍一大步、約五六尺許。右脚帶左脚前進以右脚為主。右脚落地左脚落在右脚西、脚尖点住地。當右拳翻轉進東左肐膊展開。及右脚落地左手折到心口全身之精、無不自下而北至上往前。精至於上身即隨拳至前矣。上與前、緊相連。非精至上而後身躍於前也。上下總要一氣貫通。

第五十九勢第七個單鞭　七言俚語

青龍出水最為難、此是臨終又一鞭、前伏後應原相照中正無倚自不偏、

右足落地後、右手自南往北合、右脚亦然。左手自北往南合、左脚亦然。合畢、然後左手從右肐搯出、自下而上、自東而西、拉開單鞭。右手背住精、往後走。左手往西走左足向西開一步。左右手、足、皆用纏絲帶彎曲

意、亦帶新月形。須得中鋒精。眼看住左手中指。頂精領住。身要端正。胸要得含蓄意虛虛合住。膪精開而合。脚步要穩。中氣之在肫膊中者、不偏不倚、中道而行。其行也左手在右脇前、去身五六寸、手腕朝下、慢慢由下而上。左手腕帶運帶轉、手至上、上不過額。此正本着轉関處手腕向北、無停機。徐徐向西運行、肫膊運行至七八分、手腕朝下。其發端左手先轉一小圈、要速。其運行、左手向西。右手背折向東。發則一齊俱發。止則一齊俱止。左手展開、右手束住。眼看住中指。胸中華蓋兩旁、劃然分成兩橛。兩手領住兩半個身、心機一動、兩手一順一逆行走。順則屬陽、西行也。逆則屬陰東行也。膪精不可擘、亦不可夾。腿岔開臀股泛起來。內精由何發。前已屢言之矣。上下左右、內精十分走足、然後一齊合住。方可畧一停止。

第六十勢鋪地鷄七言俚語二首

閒來無事看金鷄一腿展開印雪泥、多少佳情形不盡、屋從右腿向君題、

其二

象形也、

手似彎弓腿似絃、束身後坐貴精研、花鋪滿地如錦繡、穩坐風塵眼注前、

何謂鋪地鷄、如鷄在地上、兩翅舒開、一條腿屈住、一條腿展開、亦象形也、以單鞭之後手、往後一提、即坐在地上。右腿屈住、左腿展開。左手在前腿裏邊、用彎弓意。右手後在後展開肐膊、兩膝皆朝上界至此。

第六十一勢上步七星七言俚語

後肘拳屈前肘彎、仰觀北斗七星懸、上提究似搗碓勢、前伏後應月光圓、

其二

第一金剛意最虔、中間兩個立無偏、到此一着最為柔、中權後勁太極拳

其三

上提一步即金剛、北斗七点耀星光、四面輝煌皆旋繞、天樞不動據中央、

何謂上步七星、左肐膊展開、右肐膊屈住、是鋪地鷄。上棚象北斗七星形、此是七星

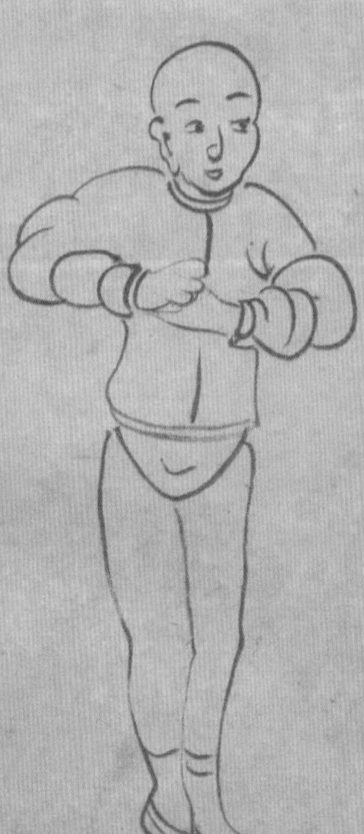

上半勢。左脚在本位不動、右脚從後、半舒半屈、往前上步、與左足齊、是虛步。上步時眼看住左手、頂精向前往上一領。左手亦向前往上一領。右手在後、亦是從後自地握上、亦是向前往上一領。兩足後跟一齊合住精、向地喫氣蹬。往上領。全體精神一齊向上提、形如北斗。中氣貫住、如北辰。手足之形、如北斗。週圍神氣、如衆星環繞、故以七星名拳。身在地上、是為鋪地鷄。身往上起、是為七星拳。左手往上一提、右手從後自下而向上、手從左手外繞一圈、拳落左手中。右足隨住右手、往前（上）一步、與左足齊。形與金剛搗碓同、與前金剛搗碓、着着相應。用法。人以中平鎗扎我、我以鋪地鷄往下一落、手將鎗人一撤鎗、我即隨鎗而起、右手從下、兜（膛）一錘、其圍即解、此震卦象也。

第六十二勢下步跨虎七言俚語

平分兩手泛下尻、蜷縮微軀似玃猱、右手上擎如山壓、左肱下跨猛虎牢、膛中究似圭壁勢、慧眼仰觀手背高、偷脚轉身皆峻險、心機一動服兒曹。

上手屬陽下屬（陰）、中間靈氣貫一身、心機一動全身動、左足点地豈無因、差（此脚一轉、全俱轉、是伏）

何謂下步跨虎、右足往後卸一步、左足点住地。右手在上、如擎天。左手在下、屈住肐膊、如跨虎、亦象形也。

七星拳畢、兩手從胸間平分而下、右脚往後退一步、脚實踏地。左脚亦往後卸一步、脚尖点住地。以伏下着來脈。身法下去、愈小愈好。膽精下去、要開圓、要合住。不可夾膽非大開、必不能如傀儡矮人。兩足一虛一實、並在一處。此所以大開膽之難也。而務必開、非限屈兩膝不可。右手自平分後、面向西北、右手從下而後往北邊繞上去、落在顖門之上去顖門五六寸許。右肐膊上、如有重物壓住。左手自平分後、左手自上而下、往後從南繞過來、落在左脇後、手腕朝上、束五指。左肐膊彎住、如跨一大物。左右手精、（言手兩肐膊在其中）外方內圓、緊緊抱合住。眼神注在右手背中指。精神俱團聚於此。

身法。上半身往上提。下半身往下下。上下實處皆寓於虛。惟虛則靈、靈則人莫如我何矣。

要此着、每犯十樣病。肐膊不可太直，直則上面顧不住頭顱，其病一也。左手在後要
合住精。合不住精，一則散渙，神不凝聚，一則與右手呼應不靈，神情不照，其病二也。
或左右足相去太遠，不如此，襠不開，並足襠開，又不能，其病三也。或兩足並在一處
也，知一虛一實，足並住，襠夾住，固不能開。即能開，又不能合住精，其病四也。或硬往
下榍足，頂精不領，強使襠開，強則硬，硬則不和，不和則不靈，不靈不足以應萬物。其
病五也。或頂精亦知領起來，兩腿未用纏絲精合住，襠雖亦開，但能開之已耳，非開中
有合，合中有開。開則屬陽，合則屬陰，非陰陽互為其根，不能開合並見。即使能開，亦
不過中間列一道小縫，必不能襠大如斗，穩如太山，其病六也。一身精神，全在於眼，
眼之所視，即神之所聚。右手上棚，左手下合，一眼戲定右手中指。兩肩鬆下，兩肐膊
撑圓，上下皆用纏絲精合住。纔算得一着。若不用心，右手在上，視而不見。他處心亦
照顧不住，其病七也。或腰精未能劄下至丹田，未能下至中極。因而胸中橫氣，不能下。
胸中少留一点橫氣，必滯澁一片，不能空靈，其病八也。腰精劄不下、一[illegible]惟前胸合

住即臂後亦多有滯氣何以不往前合不行合往前頭顧不往後頭此頂精……胸中未得含蓄精。何謂好、不過不及。過則不失於硬頂、即失於上懸。不及則下棚往下榾足、領不起全体精神。中氣亦貫不住。中氣貫不住、不偏於南、即偏於北、胸亦合不住。合不住胸、焉得有含蓄意。此不能領下腰精、其病九也。或屁股下墜、未能泛起來、泛不起則下身沉重不靈動、自然合不住膪口。脚底無力、立站不穩、自己先站不住、何待他人侵陵而後跌倒乎。此屁股不能泛起、其病十也。具此十病、焉能渾身上下、虛虛實實皆能合格。究之受病之由、皆由於不用心。徒務（平外）不揣其中、妙處不懂、是以百病叢生、不可枚舉。久之受病根深、不可醫藥。何謂合格。上邊兩手平分而下、右肱膊（從）後轉過來渉到上頭、肱膊似蛾眉勢、手背朝後、內精自丹田發、纏至手指、是陽精。左手自平分後、精亦用纏絲精、至左手指、是背折精、屬陰。此兩手之精。兩眼上翻、俱戲於右手背中指。此明眼之所向左手自分下、外往裏合、束住五指、與右手相呼應。明右手法頂精領起來、領頂精非硬住項後筋之謂。中氣、上至百會穴、下至中極。心意往上一提、頂精即領起來。不可過、亦

不可不及。至當恰好、中間中氣不偏不倚。（此明精法）頂胸要合住、問何以合中氣、微向前

一二分、胸即往前扣合住、不可過、過則前俯、不可不及、不及則仰。仰則橫氣易集、最

難、最難、惟適得其中、胸自合得好、亦能含蓄住。（此明胸法）合一臍下丹田、上邊橫氣、俱降於

此、以至旦（借字）後任脈督脈之交中極穴處。（指示的確）橫、氣、集、聚、於此、化成、中氣。（此說是所以然）即

為真精、結成一塊、順則為中氣、逆則為橫氣。（此明氣法）俗所謂千金墜。然所謂中氣上下

貫串、無所不至。說上、上至頭頂、手指頭。說下、下至即至足底、腳指。說行四稍、一齊俱到。

說歸氣海丹田、即一齊俱歸氣海丹田。或先收一處、留住數處、一處即歸丹田、數處

仍在故所。或先收數處、留一處、數處即歸丹田、一處中氣結成一塊、極其活動。非

鍊功成不能。（此明中氣）中氣到足、足自沉重。如土委地、如山峙立、不可搖撼。問膽何以

陰卵中間中氣真精、俱降於此、能用此精、旦兩旁一撐、腿根自然離開。此屯

膝自然開得尺許。即開即合、即合即開。此是陰陽互為其根、即太極之元

何以合之、兩大腿與兩膝蓋、形雖向外分、而其意却用抱合精、抱住。非

纏

裏纏不可。（此明精合與膝蓋合法）一以下是明足法一身亦基全、足足、一輕浮身弱
踏地要穩當。脚後與跟與大指、外往裏合、用住精。此處一合、足之外腓皆外
足心窪地、自有力矣。右足踏地、是實脚。左足、足指点地、是虛脚。以伏下着之脈
與右足、相去二三寸許。下棚兩足、雖外往裏纏、用纏絲精。卻兼用下往上纏。纏
根。大腿小腿皆是外臁往裏合。（此明足與腿精）上邊右肐膊、由氣海、至腋、至肘、至指、外往
纏至指頭、陽精。又從指頭折回、纏至腋、歸丹田、是陰精。是陰陽並用、互為其根處。（此肐膊）
上下處處俱已指点明白、其運用在一心。心力一用、五官百骸、各如其位、聽心使用。此
謂合格。合格者、中規矩之謂也。且心力一用、上下四體、一齊俱到、非有先後彼此之
殊。運官者氣、所以運官者理也。氣非理無以御。理非氣無以行。理與氣一而二、二而
一也。非自功夫中來、不能理實氣空。不空則不靈矣。不靈自不能左右咸宜。不能左
右咸宜、至於受製時候、反謂此藝不教人。即教人必留三着兩着。此以小人測君子
腹也。所難者功夫耳。能下功夫、不使間斷、自然久道化成。此所以恆之為貴也。

第六十三勢擺脚七言俚語

兩手合抱又向西、再將右足往上提。此着是回應前之擺脚

一來一往橫空擺縱過能詩也難題來者言足往者言手

擺脚重出、前已言之。此處上着跨虎、右手上棚、眼看手背肐膊似動不動、其實隨身而動。左膝屈住向西北、漫一步。足後跟一寧、自西北轉到正北、又轉到西向南。身法、隨左足自北而東、而南、止。右脚自東而南轉向西落左足西。相去七八寸許。上西右肐膊展開如蛾眉。手背向裏合、手掌向外泛。前之左手東者亦展開如蛾眉。手背朝上、亦向裏合。兩手相向一合、手掌皆向北泛足。然後右脚向東撞起、去地三尺、自東[illegible]橫空向西去。兩手自西向東去。手足相向、行至中間、以左右手、橫不量打右脚[illegible]打畢是擺脚正。王兩手到東南右足到西北後界至此。此着與跌岔之擺脚[illegible]

第六十四勢當頭砲亦名護心拳七十仕語

闔闢剛柔理循環、抑揚動靜順自然、當頭一砲胸前蓄、成功還自一拳、

其二

陰陽變化運無窮、百歲辛勤不盡功、縱鍊此身成鐵漢、誰能跳出太極中、

四言

當頭一砲、收我全功、豁然一貫、妙手空空、

五言

太極理循環、相傳不計年、此中有精意、動靜合自然、收來皆為引、（此言引法）放如箭離絃、（此言打法）虎豹深山踞、麟蛟龍樂深淵、動開合原無定、（活法）屈伸互相連、（也）有定循序能漸進純熟、得真銓、空談皆㶑墨、功苦最當先、火到純青候、樂趣日無邊、如云超象外、一筆化雲烟、太極归到無極造詣能至是當世活神仙、

何謂當頭砲，以拳擊人，猶以砲擊前敵也。護心拳

下步跨虎轉過身，面向南，與第一勢對住臉，作[illegible]……嚴密無懈可擊

北，左手在南，右乳間。左右肘，各向外。右手與肩平，右手掌從下微向北翻，左掌

從向南翻。右腿抬起，南往北去。左右手，北往南去，打其右足。與前擺腳實相照應。右

腳從左腳西落下，隨勢開一大步，落到西北。左右手擺罷腳，兩手從右脇卻下，與腳

一齊。其卻也，自南而北，自上而下。復自北轉到南。轉一大圈，左拳在前，右拳在後，相去

尺餘。兩拳合住，拳與心平。頂精領住，兩肩和合住，胸合住，腰精劑下，襠精下去。襠開

兩合住。屁股泛，兩膝合住，兩足心窪住地。足趾外䏲，後跟用纏絲精合住，實踏在地。

極其沉重。人之一身，心為主，儻無護持，心一失驚，則手足皆無所措矣。太極之理，根

於心。運官骸者氣，而所以運官骸者，皆心使之。宰此心者，實太極之理。聖人以此理

著之於書，曰元亨利貞，曰仁義禮智信，使人以氣行之。後人以此理運之於身，曰掤

縷擠捺，曰陰陽開合，着着皆不離太極循環之圓圈，而實以氣行吾太極之理。官骸

非心、無所主。心非官骸無以護。此兩相須有也。故始以金剛搗碓，先護心。繼以手[illegible]萬化，護其身。終以當頭砲，仍護其心。始終以護心為主。一心鎮定，則全身皆鎮定矣。至於陰陽變化，皆因易之取象而行之，非敢妄有所為，眩人耳目。識者諒之。此拳以以理勝，非以氣勝，功久自知。

頂精為陽。底精為陰。身之上半為陽、下半截為陰。此形迹之陰陽也。至於運用之法，動則為陽、靜則為陰。或動中有靜，是為陽中之陰。靜中有動，是為陰中之陽。要皆互為其根，不能分成兩橛。即間有單令言陰言陽者，是因其所主者而言之耳。至於主中有實，斷無離開之說。陰陽部位情理，前已言之。今又復述，無乃贅辭。然前言之，欲人未下功夫先明其部位之理，當遵此法用功。今既用過功夫，故再言之，欲人驗其部位中之實理。功夫果能到升堂入室地步，不必講陰陽。其一動一靜，自合陰陽。至此則吾所謂太極拳訣竅，開合二字盡之。當信吾言不虛矣。學者[illegible]後[illegible]可[illegible]

宣统戊申冬十月新

太极拳图谱

丙辰年正月订　金部

卷四

太极拳图画 讲义

陈氏家乘

□浦

新著颎

温邑陈鑫著

温邑 陈刘刘

温邑 陈鑫品三 著

温邑 陈鑫品三 著

侄雪元、春元 编次

太极拳图画讲义叙

天地之道。阴阳而已。人身亦然。顾人身之阴阳。往往不得其□。则血气滞而疾病生。故炼气之术尚焉。中国拳术流传已久。然皆习为武技。其中精义瞢然不讲。即有略知一二者。或珍秘不以示人。殊为憾事。品三陈先生。英义先生之哲嗣。夙精拳术。□深学理。积数十年之心得。著。太极拳讲义。一书。己巳初夏。策秋过余。须鬓飘然。年已八十有一矣。弁言属余。受而读□□□□拳术之屈伸开合。即阴阳阖辟之理。反复申明。不厌□□□□。发前人之所未发。方今提倡国术。□□教士。若得此书。□□□□将见事半功倍。一日千里。其裨益岂浅鲜哉。先生此书。拳□停匀。盖即动静交相养。阴阳得其平之精义也。余学□未能窥测奥妙。谨抒管见。待质诸高明。

中华民国十八年五月

杜严　敬识

太极拳序

看书主静○细心揣摸○求精管来脉处寻○

太极拳法序

自来有文事者必有武备。而武备之传首重拳法。昔之拳法。会以少林寺为宗。千喙同声。向无异说。嗟乎。孰知拳法之精妙。莫逾于陈沟乎。少林为强硬派。肆其毅力。固可冲锋御武。然变化生硬。终涉形气之粗。若陈沟则不刚不柔。适得其中。如宜僚之弄丸。敬德之避矟。公孙大娘之舞剑器。浑脱习而熟焉。五官百骸。通体皆灵。譬睡梦中有人以锋刃加己。冥□不知躲避。然锋将及肤之毫毛。而刃自滚焉。一斫一滚。百斫百滚。而鼾睡者若罔觉焉。此太极拳精妙甲于天下也。

初咸丰三年。发逆窜温。贼渠魁中有大头王者。躯伟高六尺许。腰大数围。如昆阳巨无霸。尝挟铜炮攻城。一跃登陴。所至无不破败。时英毅先生率子侄族众等。与该匪战于黄河滩。诱入沟中。先生以单手出枪毙之。后奉上宪札。带乡勇剿洗白龙王庙余党。助官军克复亳州及蒙城。阜阳。又御长枪会于木栾店。种种战功。不可枚举。□□□□大用显著者也。

我友陈兄品三。英义先生之哲嗣也。承英义先生之家学。谓先大人六十年汗血辛勋。独辟精诣。而鑫以二十年继述。心摹手绘。订为四卷。载在。陈氏家乘。今特拨出。另成一部。诚恐久而湮没。嘱余叙其巅末。余再四翻阅。见所列节解。引蒙。内精。取象及经谱各图论。著为六十四势。喟然曰。此不朽盛业也。夫缀以歌词。得诗之意。训以仪式。符礼之经。至开合运动。悉本全部之。易。天下有道。上献是书。可备颇牧之程式。时至叔季。榛荆塞路。出门可贾余勇。不但此也。朝廷倘设勇爵。则树帜以立边功。以拳法诲子弟。永永可卫。身家乡里。岂不懿哉。

大中华民国九年庚申中秋 撰于河朔中学堂

同邑行年七十五岁举人筱艇郑济川敬识

太极拳序

拳法者。古兵之支流。汉书·艺文志。所谓技巧者是也。志列手搏六篇。蹴鞠二十五篇。剑道三十八篇。其书不传。未知所言。视今拳法何如。然其习手足。便器械。积机关之胜。安见今必异于古所云耶。温县陈氏。世以拳名河南。咸丰癸丑五月。有草寇数十万众。自巩渡河。巢温南河干柳林中。李文清公率民团御之。未遇贼即败走。陈英义先生与弟季甡与贼对垒交锋。英义先生匹马单枪。直入万马军中。如入无人之境。单手出枪取酋首如探囊取物。其弟季甡亦杀伪指挥数人。贼由是夺气。遂移怀庆。由山遁。至今父老谈英义杀敌事。犹眉飞色舞。口角流沫。津津不置。大河南北诸省言拳法者。必曰陈沟陈氏云。

岁乙卯。吾征中州文献。得。陈氏家乘。既采其事。列义行传。越辛酉。哲嗣品三介吾友王子所述家传太极拳法图谱。四卷。索序。其书以。易。为经。以。礼。为纬。出入乎黄老而一贯之。以敬内外交养深有合于儒家身心性命之学。不徒以进退击刺。阳开阴合。示变化无穷之妙。如古兵家所言。盖技也。

进乎道矣。自火器日出。杀人之具益工。匹夫手持寸铁。狙击人于数里之外。当者辄靡。拳法与遇。顿失功能。浅者遂以为无用。辄弃之。其术至今不振。夫拳法。用以御武制敌。特其粗迹耳。而因其粗之稍绌。遂废其精者。于以叹。吾国民轻弃所长。日失其故。步为可伤也。向使我中华民国。人人演习。卫身卫国。无在不有其益。我国强胜犹可立待。岂不快哉。

大中华民国十年小阳月

中州汲邑翰林文献敏修 李时灿 敬志 上

太极拳图画讲义序

温邑茂才陈品三君述其先世所传太极拳法。著为《图画讲义》。书成。持以示余。且嘱为之序。余曰。盲者。无以与于采色之观。聋者。无以与于声音之妙。余于此道为门外汉。何足以赞一辞。而君再三諈诿。若以余为过谦者。余受而阅之。其推本河洛以溯其源。参考《内经》以演其流者。虽不能深晓。然所採多先儒成说。尚可略知大意。至其言拳之处。分节分势。承接转换。一气贯输。虽绘图。附说详为指示。而其中阴阳开阖变化不穷之妙。非身入其中者。茫然不能解也。虽然君家之拳法虽不能解。而君家拳法之实用。莫如咸丰三年毙粤匪强悍酋首一事。及带乡勇随营克复陈。亳。六安、蒙城。阜阳等州县城。久已远迩艳称。至今犹啧啧人口。是固确有可传者也。抑余更有进者。技术之家秘莫如深。非其子弟及其私受不肯轻以告人。即告亦不肯尽其底蕴者。往往而是。今君以累世家传。一一著之于书。并显之以图。反复谆谆。若惟恐人之不解不足效用。于当世者。其用心之公为何如乎。余固乐为序之。至其拳法之精妙。则余为门外汉。终不敢赞一辞也。

时大中华民国九年庚申

武陵进士 伟臣王士杰 敬叙

太极拳序

品三作 文藻正之

拳以太极名。古人必有以深明太极之理。而后于全体。上下。左右。前后。以手足旋转运动发明太极之蕴。立名立势。定为成宪。义至精焉。法至密焉。学者事不师古。不流于狂。即失于妄。即不然涉于偏倚。而求一至当却。好者以与太极之理相吻合。盖亦戛戛乎。其难矣。

吾思古之神圣。能发明太极之理者。莫若包羲氏。夏后氏。河图。洛书。有明证也。惜乎。余之学识浅。未能窥其蕴奥。且其书最精深。阐发者未能道破一语。吾表弟品三本。易经。著。太极拳图画讲义。极其详细。而又特于羲经所著阴阳错综变化与神禹所传之五行之相生相克者。不少背谬。然所取者。或以卦名。或以爻辞。或以五行生克之理。近取诸身。远取诸物。引其近似。引为佐证。非若咸同。文字徒以泛滥。浮浅者取古人糟粕强为附会。虽然古人言语包括宏富。初非为拳而设。亦若为拳而设。随意拾取。无不相宜。此亦足见太极之理精妙活泼。而万事万物举莫能外。即用之者。亦无不各因其事。悉如其意以相偿○且任天下纷纭繁赜○万殊胥归一本○妙何如也○后之人苟无弃图谱○即委溯源○未始无补于身心性命之学○虽曰拳为小技○而太极之大道存焉○处今之世○拳之有关于国家者大○宜留心焉○咸丰癸丑五月二十三日○事载在中州文献辑义行传中○在在可考此○英义先生将太极拳实用于家国者焉○读是书者○细玩深思○自得其趣○照图演习○日久功深○又得其理○拳之益人大矣哉○

大中华民国十年八月

愚甥拔贡举人 万卿徐文藻 敬志

太极拳序

吾友品三陈鑫。英义先生之哲嗣也。精太极拳法。著有。图画讲义。尝闻其言曰。天地一大运动也。星辰日月。垂象于天。雷雨风云。施泽于地。以及春夏秋冬。递运不已。一昼一夜。循环无穷者。此天地之大运动也。圣人亦一大运动也。区画井田。以养民生。兴立学校。以全民性。与夫水旱。盗贼。治理有方。鳏寡孤独。补助有法。此圣人之大运动也。至于人之一身。独无运动乎。秉天地元气。以生万物。皆备于我。得圣人教化以立人。人各保其天。因而以阴阳五行得于有生之初者。为一身运动之本。于是苦心志。劳筋骨。使动静相生。阖辟互见。以至进退存亡。极穷其变。此吾身之自有运动也。向使海内同胞。人人简练揣摩。不惰躬修。万象森列。显呈法象。又能平心静气。涵养性天。令太极本体心领神会。豁然贯通。将见理明法备。受益无穷。在我则精神强健。可永天年。在国则寇贼荡除。可守疆域。内外实用。两不踏空。熙熙皞皞。永庆升平。岂不快哉。运动之为用大矣哉。虽然犹有进焉。盖有形之运动。未若无形运动之为愈。而无形之运动。尤不若不运动中自藏运动者之为神。运动至此亦神乎。运动矣。则其运动之功。既与圣人同体。又与天地合德。浑浑穆穆。全泯迹象。亦以吾身还吾身之太极焉已耳。即以吾心之太极还太极之太极焉已耳。岂复别有作用哉。虽然。咸丰癸丑五月。英义先生以单手出枪歼渠魁。以生徒。子弟数百人败巨寇数十万众。且杀其指挥数十人。太极拳之实用不可功铭旗常哉。吾闻友人之言如此。吾即以是为序。余不多赘。

中华民国十七年三月三日

同邑　温如郭玉山　谨志

品三作　玉山正　未易一字

太极拳序

自古有文事者必有武备。拳之运动乃武备中之一端耳。不足尚也。虽然昔尚文明。今重武备。故武备与文事皆可并重。何也。事物之理。自有字以来。圣贤皆载之经史。独于武备则略而不言。恐启天下好杀之心。即言之。不过曰『乃武乃文。我武惟扬。而已。上溯黄帝战蚩尤。下述太公作阴符。其详言者。不过坐作。进退。步伐。止齐。以及器械锋利者。如兑之戈。和之弓。垂之竹矢。此外别无他说。四体运动。盖无闻焉。故拳之一艺。不知昉自何时。并昉自何人。宋时岳夫子学于周侗。著有。易筋经。或有言传自达摩老祖。或有曰传自宋太祖。皆无凭据。吾忆有天地即有阴阳。有阴阳即有人类。有人类。人以天地之阴阳运动。吾身者即以为拳。何言乎尔。古有兵器。离兵器以手搏击者。非拳乎。古有舞象舞勺。而手舞足蹈以肢体运动周身者。非拳乎。由是言之。拳之机势由来久矣。而其理又为各人所自具。故后汉之张颐以长手名。宋之太祖以三十六势传世。明有七十二行拳。清有九十二势嫣青架。又有大红拳。小红拳之名。八卦捶。猴拳之号。其艺最著者。又有陈敬伯之靠。陈继夏之肘、李半天之腿。张千群之跌。鹰爪王之拿。艺臻绝妙。历代皆有。大率近乎情理者。皆可护体防身。久传于世。时至今日。昔之轻弃者。今则非重视不可。盖外强愈多。我国微弱。欲与争雄。除拳无法。夫拳之有用。非空言也。其实用可验。

诸咸丰癸丑五月。有巨寇率众数十万渡河犯温。陈英义以太极拳歼厥巨魁。又杀指挥数十人。嗣后又平张落行。李占标。长枪会。数十战功。未常败北。此皆太极拳之有功于世者也。

英义先生以是法传哲嗣品三。著有。太极拳图画讲义。理精法密。细腻明透。极深研机。全由性命之理发出。演而习之。内可强身。外可强国。非若盖奔乌获徒以血气之勇著名。又非若荆轲聂政但以酬恩惊世。且日本强盛。非昔之以拳术胜阿罗乎。堂堂中国。既有强国之资。又有强国之法。何坐视腐败而不一为振作乎。苟能自振。合国演习。他日雄长。诸国莫与争锋。何快如之。居中华者宜自勉焉。

武陟木栾店举人　佩珊任廷瑚　敬志

陈英义先生传

英义陈先生。名仲甡。字志壎。又字宜箎。号石厂。祖居山西泽州府晋城县东土河村。明洪武迁温。以耕读传家。先生与弟季甡。同乳生。面貌酷似。邻里不能辨。其叔有本。文武精通。教以读书。先生不愿章句。愿学万人敌。韬略技艺。无不精妙。然循循儒雅。从未与人角。为乡党排难解纷。义声著于世。一生战功不可枚举。惟咸丰癸丑五月。有草寇林凤翔与勇贼杨辅清。率众数十万渡河。巢柳林中。先生倡议勤王。率生徒与贼大战黄河滩数日。先取骁将首级。又杀伪指挥数十人。余者不可胜计。贼大却。遂潜师围怀庆。然锐气已挫。闻诸帅兵至。从山后遁。诸帅敬仰先生。遣使聘请。先生念切母老。坚不应聘。事平。蒙奏。赐六品顶戴。先生心安奉母。不以功名动心。后母病。亲视汤药。衣不解带者年余。母终。丧葬一依古礼吊客。数郡毕至。其哲嗣。亦精拳法。著。太极拳图画讲义。极详明。不惟有益身心。且大有裨于家国。吾愿世之欲强国者。皆可急为演习焉。

先生没。邻里哀痛。吊者填门。众议易名称英义。吾与刘大人讳毓楠从众曰。可。后

序

先生战事。诸名家作序述之详矣。余不必再赘。因瞻先生遗像。与其子品三著拳谱。遂作两赞一跋。以赘其后。

赞

想公生前。河朔保障。胸罗锦绣。手持铁杖。纵横敌营。搴旗斩将。万夫辟易。四海钦仰。屡辞征辟。尚志不降。今瞻遗像。令我彷徨。三毫惟肖。一点难状。欲为写生。搁笔神怆。聊聊数语。以志生平之企望。

又赞

谁施丹青。传公遗像。面貌衣冠。一模一样。精神意气。曲尽形状。颊上三毫。惟肖惟象。▲之欲语。恍吐昂藏。愧我拙笔。难写雄况。愿公子孙。时时记在心▲上。

跋

先生拳法○其妙无比○哲嗣品三○图画讲义○专心学习○真正美艺○天授中国○强兵之计○是在我之自励耳○

大梁进士　御史按察司　楠卿刘毓楠　敬赞并跋

太极拳跋

惜乎。英义之未竟其用也。当其聚徒众。卫乡里。大盗逆之铓而歼厥渠魁。功亦伟矣。若使握兵柄。总戎机。出其智计。凭其英勇。以削平僭乱。为国干城。不且焜耀寰区。震烁古今。垂名青史。图象紫光哉。徒以母老辞征。田园终老。而其生平抱负。仅如石火电光。倏然一见。良可慨已。虽然忠孝不能两全。想英义当日思之烂熟。必不忍以功名易天性。彼绝裾之温峤。远志之姜维。千古犹有遗憾也。吾闻之急人之急者。必享人之报。易名立传。乡里已不忍没其绩。厥嗣品三。复勤于举业。蒸蒸日上。他年擢巍科。膺显官。为国宣勤。以继先志忠孝之报。不于其身。而于其子。此固理之必然。而事之当然者也。陈生勉乎哉。

大梁进士　张棨戟臣　谨跋

陈仲牲传

陈仲牲。字宜篪。号石厂。明初陈卜精拳法。世习者众。仲牲技称最。咸丰三年五月。林凤翔。李开方率众数十万。由巩渡河。踞温东河干柳林中。势张甚。仲牲倡乡人逐寇。与弟季牲。耕耘。从子森。淼。长子垚。并其徒数百。乡勇万人助之。二十一日迎战。仲牲陷阵。杀伪指挥数人。寇败。又追杀数百人。明日。寇大肆焚杀。所过皆墟。纵其骁骑来薄。仲牲督众搏战。皆一当百。寇披易。死者相属。斩其二酋。寇又败去。寇连不得志。悉自柳林出。约十万余。仲牲命季牲伏沟左。耕耘率众伏沟右。淼。垚为接应。自率众当敌。一悍贼身长六尺。腰数围。殊死战。仲牲奇其貌。诱入沟。伏发以枪。斫其项。贼匿马腹。搏之下。复飞身据鞍。仲牲单手出枪。中其喉。取其元。乃寇中骁将。破武昌时。曾挟铜炮跃登城。号大头无敌杨辅清。贼划然四溃。比李棠阶率乡勇至。寇已窜柳林。寇自造乱。转略数省。所至披靡。以乡勇御寇。自仲牲始。因此仲牲名震天下。

六年。团练大臣袁甲三檄。仲牲攻薄州。五战五克之。追至陈州。又三战三捷。击杀千余人。七年。随克六安州。八年。张落行犯汜水。仲甡率众防河。九年。团练大臣毛昶熙檄。随营攻蒙城。阜阳十余州县。皆恢复。同治元年。山东长枪会匪李占彪。率数十万众掠怀庆。至武陟。团练大臣联某檄仲甡御之于木栾店。贼闻风东窜。同治六年十二月十四日。张总愚率众百万余。由山西犯怀庆。仲甡率子鑫。犹子淼及其徒数千御之。自晨至午。斩其将五人。执旗指挥者三四人。寇党数百人始大败。淼枪毙数寇。被枪犹死战。马蹶。忽中炮亡。仲甡时年六十余。未几卒。远迩惜之。私谥曰。英义。

仲甡事亲纯孝。教子严。与朋友交信。然其风雅宜人。蔼然可爱。有古名士风。季甡。字仿随。亦入武庠。传其学者。曰陈复元。曰陈耕耘。曰陈丰聚。曰陈花梅。曰陈同。曰李景延。曰任长春。然皆不及仲甡。

此传已列。中州文献辑志。义行传。中。

中州文献辑主笔汲人　敏修李时灿　撰文

太极拳跋

右。太极拳图谱。四卷。吾温陈石厂先生所传。哲嗣品三茂才按其姿势。详为图说。将以传世行远者也。吾观世之负拳技者。往往逞血气之勇而不轨于正。其或豪侠。自恣陵铄乡里。此太公所谓盗跖居民间者耳。至于以借躯报仇。若专诸聂政者。流名为高义。实感私恩。求其精拳艺而发之忠义者。盖鲜求其根极于道理尤加鲜焉。今观太极拳。▲溯源河洛。援引内经。多本先儒成说。而其吃紧为人处又在主之以敬。而受之以谦。倘所谓根极理道者。非耶。至其发之以忠义。犹昭昭在人耳目。吾以为。先生之忠义。非徒一手一足之烈。其关系大局。实非浅鲜也。

初咸丰癸丑。大盗既据江宁。遣其党李氏。林氏。吉氏、副元帅杨氏等北犯。其年五月。由巩县洛河掳民船。渡河犯温。盘据河滩柳林中。杨善兵法。骁悍非常。能挟铜炮登城。贼恃其勇力。所至无坚不摧。无攻不破。独至温。石厂先生以太极拳法歼之沟中。当是时。陈沟拳勇之名闻天下。贼由是夺气。去温围怀庆。惟既失其恃。围攻五十九日不能破。当贼之渡河。也意在长驱而北。直犯京师。乃甫至温。而悍酋被歼。以致顿兵坚城之下旷日持久。京师有备。援兵四集。贼之初计竟不得逞。吾故曰先生之忠义关系大局。非浅鲜也。脱令伪副帅不被歼。怀庆必不能坚守。怀庆不能坚守。贼挟其无坚不摧。无攻不破之锐气。直抵京师。大局殆有不堪设想者。昔张许二公死守睢阳。论者谓其以一隅障江淮。致贼不能以全力径长安。推为有唐中兴大功。若先生之歼渠魁以保怀庆而全京师。其功亦何可没也。吾因以知太极拳法。其发于忠义。由其根极于理道。以视世之徒负拳技者。岂可同年语哉。吾与品三同补诸生。为文字交故。因。太极拳图谱。推论之如此。先生其他军功非大局所关。不具论。

举人晚生　晴浦李春溪　敬跋

读义先生传题句

英义如公孰与俦。文才独抱转风流。
林泉自得优游趣。一触豪情歼国仇。
欲报君恩有老亲。远驱魔厉顿忘身。
从来立德立功者。半是蓬庐孝道人。
驰告邑侯奏凯歌。乡军声势振干戈。
搴旗斩将称无敌。太极神拳凑力多。
红旗捷报入神京。恩锡头衔翠羽荣。
欣有达人绵德泽。笙簧协和歌鹿鸣。
濂素不能诗读　先生传情莫能禁用纾鄙怀以志钦仰词之工拙所不计也

西淮唐县同泽铺如侄李式濂拜草

序

古人云。莫为之前。虽美而不彰。莫为之后。虽盛而弗传。我陈氏自陈国支流山左。派分河南。始于河内而卜居。继于苏封而定宅。明洪武五年。始祖讳卜。耕读之暇。而以阴阳开合运转周身者。教子孙以消磨饮食之法。理根太极。即名曰太极拳。自我始祖卜递传十三世。至我曾祖公兆。为人乐善好施。以耕读为业。乃以是艺传我祖有恒。叔祖有本。有本三十六岁始业拳。至晚年。学业湛深。技艺精粹。又以是艺传我先大人仲甡。先叔大人季甡。先大人与先叔大人同乳而生。兄弟齐名。倘非有先达者为于前。焉能勇冠三军。名传宇内哉。然有为于前。尤贵有传于后。我先大人命我先兄习武。命愚学文。习武者。武有可观。学文者。文无所就。是诚予之罪也夫。所可幸者。少小侍侧。耳闻目见。薰蒸日久。窃于是艺。管窥一斑。虽未通法华三昧。而妙理循环。自觉有趣。迄今老大。苟不即一知半解传之于后。不又加一辜哉。愚今者。既恐日月逝矣。岁不我与。又恐门户分别。失我家传。敢自秘哉。所以养蒙之暇。急为显微阐幽。缮写成书。以示后之来者。未知于前人之意。有合万一与否。而要于十六世之家传。或因是书而弗绝。未可知也。然绝与不绝。我虽不得而知。而吾先大人六十年之精炼神化。自有琑言。庶不至湮没不彰也。愚固拙滞。不善形容。后之人苟不以俚言絮语污辱心目。则採而习之。身体力行。渐臻堂奥。上可为国家御盗贼。下可为身体强精神。远可绍先人之遗业。近可启后进之新机。真积力久。妙用无穷。俾宝塔圆光。世世相传于无替。岂不善哉。是书家传则可。至于售世。非愚所敢望也夫。

时

大清光绪三十四年岁次戊申冬十一月

上浣温邑　陈鑫　序

品三陈鑫订目

目录

五言一首

身心理气情意景神化着志恒十一条

太极拳总括三条

阴阳总别

太极拳拳着目录

金刚捣碓　大有

揽插衣　晋

单鞭　讼

金刚捣碓　元妄

白鹅亮翅　兑

搂膝拗步　困

初收　屯

斜行拗步　需

再收　比

前堂拗步　蒙

演手锤　谦

金刚捣碓　否

披身锤　明夷

演手○背折靠　恒

肘底看拳　渐

倒卷红　坤

白鹅亮翅　萃

搂膝拗步　家人

闪通背　姤

演手○单鞭　贲　坎

左右云手　离

高探马　革

右插脚　随

左插脚　益

中单鞭○双风贯耳　噬嗑　蛊　同人

下演手　艮

回头二起　震

兽头势　旅　剥　大过

踢一脚○蹬一跟○演手　小过

小擒打　中孚

抱头推山　小畜　解

单鞭○前昭○后昭　升

野马分鬣○单鞭　乾

玉女攒梭　四十　巽　离

揽插衣○单鞭　坎

左右云手○摆脚○一堂蛇　睽　临　泰

金鸡独立○朝天蹬　颐

真珠倒卷帘　豫

白鹅亮翅○搂膝拗步　归妹　涣

闪通背○演手○单鞭○云手　履　遁　泽　鼎　夬　咸　蹇

高探马○十字脚○指裆锤

青龙出水○单鞭　大畜　井

铺地鸡　复　大壮

上步七星○下步跨虎　损

回头摆脚　观

当头炮　师

共六十四势终

太极图

白者阳仪也。黑者阴仪也。黑白二路者。阳极生阴。阴极生阳。其机未尝息也。即太极也。非中间一圈。

乃太极之本体也。

打拳着着。皆是一个圈。或全体俱动。或一肢先动。皆动以圈。而无直率之说。

来图补遗

对待者数

主宰者理

流行者气

伏羲八卦方位

少阴少阳。皆引人之进也。

太阳太阴。皆击人之地也。

圈至太阳太阴。已转过来。

阴阳之气正旺。故能一击成功。

引人之力必至于尽。而后击之。击方有力。

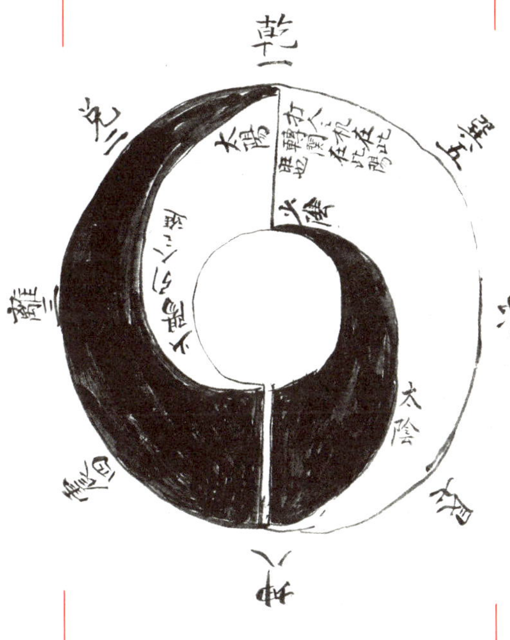

文王八卦图

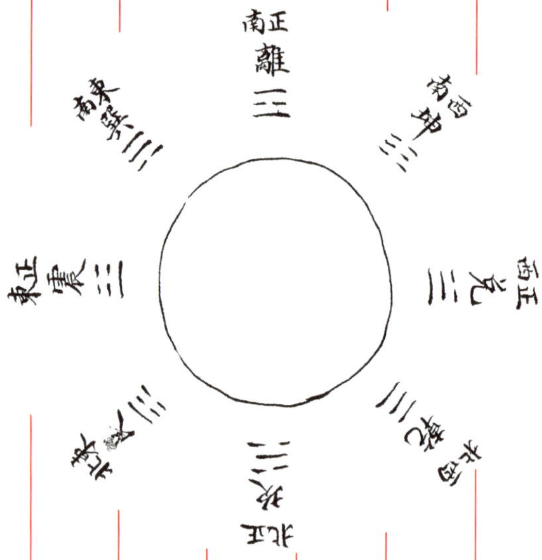

河图

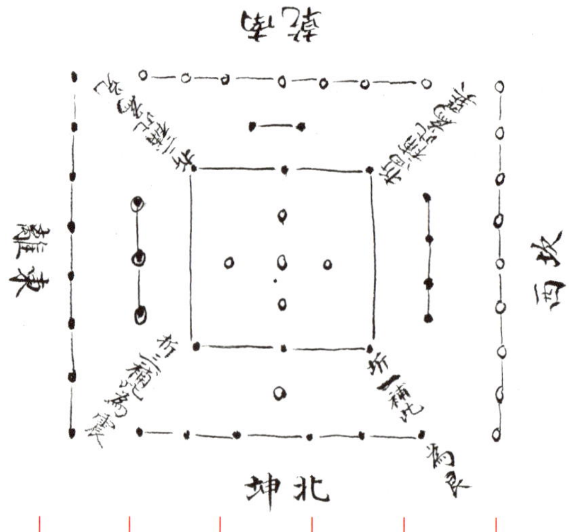

系辞传○曰○河出图○洛出书○圣人则之○又曰○天一地二○天三地四○天五地六○天七地八○天九地十○天数五○地数五○五位相得而各有合○天数二十有五○地数三十○凡天地之数五十有五○此所以行变化而行鬼神也○

洛书图

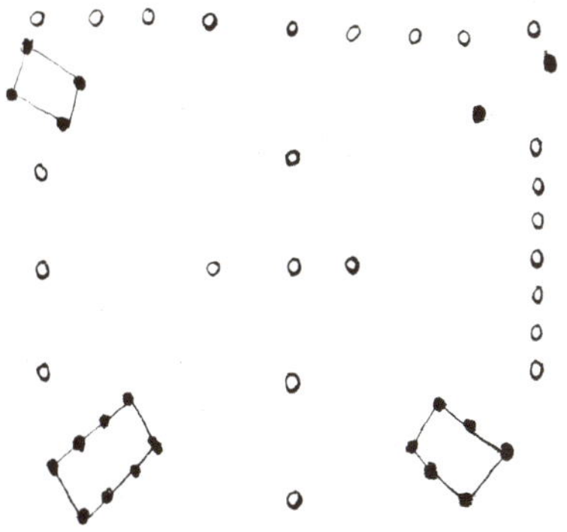

洛书。盖取诸龟象。故其数戴九履一。左三右七。二四为肩。六八为足。

来注阳直图

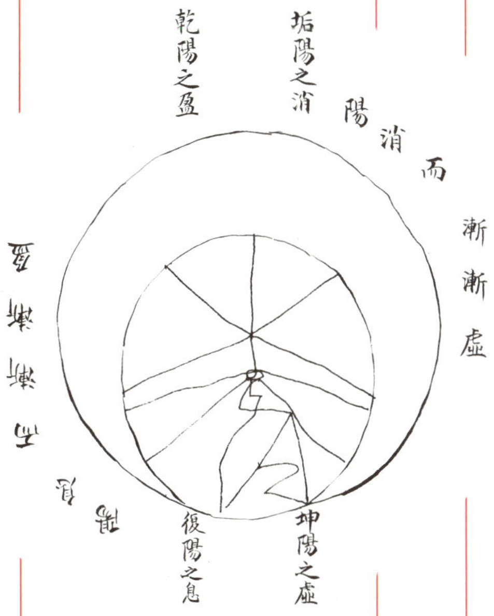

消息盈虚

来注阴直图

消息盈虚

温邑陈鑫著 太极拳图画讲义

是书。或论理。或论气。或取全卦之义。或取一爻之象。悉本于。易。

凡例

一学太极拳不可不敬。不敬。无论先生不教训。即教训。学者亦终学不成。盖心不诚则艺自然不能精。

一学是艺者不可手狂。手狂则生事。不但不许手狂。并不许外面露耍。手形迹务于外。即失于中。

一学是艺者切不可自恃。自恃则难进。况满招损。谦受益。能谦则学无止境。愈造愈高。自然摸到左右逢源之候。则精神强健。无往不宜。上可为国家干城。下可为闾阎保障。若匹夫之勇不足道也。

一学是艺者着着当细心揣摩。某一着不揣摩。则某一着之情理终不能了然于心。每一着上下过脉处尤当心领神会。此处忽略。则来脉转关终于隔阂。此处一有隔阂。则一着自为一着。焉能一气贯通。千百着如一着乎。不能融千百着如一着。必不能一片神行。不能一片神行。打到皓首。其于太和元气无所问津。

一学是艺者当先读书。书理明白。拳理自然明白。

一太极之理。阴阳开合而已。少明。易。理。则打拳之际。其于阴阳。动静。错综。阖辟。自然机趣横生。行止合拍。

一是书尚未付梓。粗言大理。或有借用字眼。阅者当改正。勿吝。

一是书虽无大用处。然当今之世。强邻四敌。苟演而习之。而于陆军操练之法。不无小补。若使中原人人演习。虽英美法阿打交手仗。其奈我何。此亦强兵一艺。总戎机者。愿勿以刍荛之言。弃若敝屣。

太极拳精言

斯人父天母地。莫非太极阴阳之理酝酿而成。天地固此理。三教归一亦此理。即宇宙。太极是体。阴阳是用。四方上下曰宇。往来古今曰宙。之万事万物。又何莫非此理。况拳之一艺。焉能外此理而别成一理。此拳以太极名也。即其用而言之。拳者。权也。所以权物而知其轻重者也。然其体实根乎太极。而其用不遗乎两拳。且人之一身。浑身上下都是太极。即浑身上下都是拳。不得以一拳目拳也。以我之拳权物之轻重。即人来之轻重。其枢纽在一心。心主乎敬。又主乎静。能敬而静。自葆虚灵。天君有宰。百骸听命。动则生阳。静则生阴。一动一静。互为其根。清气上升。浊气下降。百会中极。一身管键。初学用功。先求伏应。来脉转关。一气相生。手眼为活。不可妄动。其为气也。至大至刚。直养无害。充塞天地。配义与道。端由集义。浑灏流行。自然一气。轻如杨花。坚如金石。虎威比威。鹰扬比疾。行同乎流水。止侔乎山峙。理精法密。条分析缕。放弥六合。退藏于密。至大无外。至小无内。中和元气。随意所之。意之所向。全神贯注。中立不倚。因时制宜。盘马弯弓。故不发矢。不即不离。拳之妙致。我之制胜。全在于兹。细心揣摩。指挥如意。后之学者。奚必多疑。

拳经总论

中气贯足○精神百倍○十年用功○十年养气○临阵交战○切忌先进○如不得已○浅尝即引○静以待动○坚我壁垒○堂堂之阵○整整之旗○我军有备○让彼偷营○一引一进○奇正相生○佯输诈败○制胜之能○一引即转○转进如风○迅进七分○疾速停顿○兵行诡计○严防后侵○日光普照○诚自有真○太极之理○一言难尽○阴阳变化○存乎其人○稍涉虚伪○妙理难寻○

切指拳经挤手诸病与挤手制胜之法

欺。强以力欺我。压。以手压我之上。挂。或以手掌。或以肘尖。或以胳膊挂我。离。开而逃走。闪。赚也虚而诱我以实。赚。驱也。拨。以手拨也。推。以手推我。艰涩生硬。不能粘黏滑腻。更难出奇。排挡。硬排硬挡。挺霸。往后霸也。挺。往前硬顶。腾。以左手掤住而以右手巧取别路。拿。拿以臂节。皆非。钩。或以手。或以足。掤。以手撑住。抵。如牛羊抵角。滚。转轴。直。不曲。实。两人对敌。或去或来。不可太实。根头棍子。手照脸而以肘打之。肘照脸而以手打之。亦非至理。真宰焉在。虚灵具心。虚含众理。灵运一心。掤缕挤捺。先求认真。引进落空。粘连黏随。胳膊大腿。螺鬟缠绵。精神到处。有经有权。虚实兼到。不可先摊。阳败阴胜。计策万全。阴阳妙用。自古皆然。何处审的。太极图圆。空。去声。又病抽拔遮架。磕打猛撞。躲闪侵凌。因依硬上。诸病去净。率由旧章。实功用到。天下无双。皆目为软手。是以外面视之。皆迹象也。若以神韵论之。交手之际。刚柔并用。适得其中。非久于其道者。不能澈其底蕴。两肩躲下。两肘沉下。秀若处女见人。肆若猛虎下山。手即权衡。称物而知其轻重。打拳之道。吾心中自有权衡。以他人之进退缓急。而以吾素炼之精神临之。是无形之权衡也。以无形之权衡。权有形之迹象。宜轻宜重。而以两手斟酌。适得其当。斯为妙手。

七言古

动则生阳静生阴。一动一静互为根。
果然识得环中趣。辗转随意见天真。

其二

阴阳无始又无终。来往屈伸寓化工。
此中消息真参透。圆转随意运鸿蒙。

其三

一阵清来一阵迷。连环阖辟赖撕提。
理经三昧方了亮。灵境一片似玻璃。

五言古

理境原无尽○端由结蚁诚○
三年不窥园○壹志并神凝○
自当从良师○又宜访高朋○
处处循规矩○一线启灵明○
一层深一层○层层意无穷○
一开连一合○开合递相承○
有时引入胜○工欲罢不能○
时习加黾勉○日上自蒸蒸○
一旦无障碍○恍然悟太空○

身

拳之一艺○虽是小道○然未尝不可即小以见大○故上场之时○不可视为儿戏○而此身必以端正为本○身一端正○则做事无不端正矣○大体不可跛倚倒㬎○况此艺全是以心运手○以手领肘○以肘领身○手虽领身○而身自有身之本位○论体则身领乎手○论要手则以手领身○身虽有时歪斜○而歪斜之中○自寓中正○不可执泥○能循规蹈矩○不妄生枝节○自然合拍○合拍则庶乎近矣○

心

天地间○人为万物之灵○而心又为五官百体之灵○故心为一身之主○心一动而五官百骸皆听命焉○官骸不循规矩者○非官骸之过○实心之过也○孟子曰○出入无时○莫知其乡者○惟心之谓○又曰○一人虽听之○一心以为有鸿鹄将至○可见人之有心○但视其操与不操耳○能操则心神内敛○故足重○手恭○头直○目肃○凡一切行为○无不皆在个中○不操则心外驰○故视不见○听不闻○食亦不知其味○凡一切行为无不皆出个外○况打拳一道○由来口授居多○著述甚少○盖由义理则经史备载○子籍流传○不必再

赘○但打拳之势○人皆不知皆由太极而发○其外面之形迹○与里面之精意○往往视拳势是拳势○理路是理路○不能合到一处○是皆不知由理而发之于势故也○不知运势者气也○而所以运势者理也○其开合擒纵○无可加损○无可移易○动合自然○是皆天理之应然而然也○苟细心揣摩○如行远自迩○登高自卑○则由浅入深○不躐等而进○不中道而止○以我之智力○穷道之旨归○壹志凝神○精进不已○层累曲折○胥致其极○虽高远难至之境○莫非眼前中庸之境○皆可到也○是在操心○

理

理者○天理之节文○人事之仪则也○顺其性之自然○行其事之当然○合乎人心之同然○而究乎天理之所以然○一开一合○绝无勉然○一动一静○恰合天然○此即吾道之粹然○

气

何谓气○即天行健○一个○行○字○天体至健○而所以行此健者○气也○不滞不息○不乖不离○不偏不倚○即是中气○加以直养无害○工夫○即是乾坤之正气○亦即孟子所谓浩然之气○一拂气之自然○参以

横气。则生硬横中。势难圆转自如。一遇灵敏手段。自觉束手无策。欲进不能。欲退不敢。但听他人发落而已。钝何如也。所以不敢徒恃血气。而并参之以横气。

情

理与气。发于外者为情。人之交接往来则曰人情。文之抑扬顿挫则曰文情。打拳之欲抑先扬。欲扬先抑。其间天机活泼。极有情致。拳无情致。如木偶人一般。死蛇埍地。有何景致。又安能见其生龙活虎。令观者眼欲快睹。口中乐道。心中愿学。此拳之不可无情致也。至于与人交手。断不可看人情。一看人情。则人以无情加我矣。乌乎可。

意

意者。吾心之意思也。心之所发谓之意。其一念之发。如作文写字。下笔带意之意。意于何见。于手见之。此言意之已发于外也。意发于心。传于手。极有意致。极有神情。心之所发者正。则手之所形者亦正。心之所发者偏。则手之所形者亦偏。如人平心静气。则手法身法。自然端正。如人或急切慌张。或怠慢舒缓。则手之所形。莫不侧倚。必也躁释矜平。而后官骸所形。自然中规中矩。实理贯注其间。自无冗杂闲架。即有时身法偏邪。是亦正中之偏。偏中有正。俱有真意。其一片缠绵意致。非同生硬挺霸。流于山东一派。此其意。一则由理而发。一则由气而炼。山东耍手。纯是炼气。气炼成。亦能打死人。但较之于理。低百倍耳。故吾之意可知。而彼之意可想。学者所当细心体会。以审其意之所发。

景

一片神行之谓景。其开合收放。委婉曲折。种种如画。是之谓景。景不离情。犹情之不离乎理。相连故也。心无妙趣。打拳亦打不出好景致。问何以打出景致。始则遵乎规矩。继则化乎规矩。终则神乎规矩。在我打得天花乱坠。在人自然拍案惊奇。里面有情。外面有景。直如天朗气清。惠风和畅。阳春烟景。大块文章。处处则柳辨花骄。着着则山明水秀。游人触目兴怀。诗家心怡神畅。真好景致。拳境至此。可以观矣。

神

神者。精气发生于外。而无艰涩之弊。灵气也。天地间无论何物。精气足则神情自足。在人。虽存乎官骸之中。实溢乎官骸之外。大约心。手。眼俱到。则有神。无神则死煞不活。不足动人。神之在人。不止于眼。而要于眼则易见。故打拳之时。眼不可邪视。必随手往还。

如打懒插衣。眼随右手中指而行。懒插衣手到头。眼亦到头。注于中指角上。不可他视。眼注于此。则满身精神皆注于此。如此。则懒插衣全着俱有精神。神聚故也。

打单鞭。眼注于左手发端处。随住左手徐徐而行。至单鞭打完。眼即注于中指角上。不可妄动。

打披身锤。眼注于后脚尖。

打肘底看拳及小擒拿。眼注于肘底拳上。

打斜行拗步。右手在前。眼注于右手。

打抱头推山。两手虽俱在前。而以右手为主。眼虽并注。而注于右手居多。

打指裆锤○眼注于下○

打下步跨虎○眼注于上○

打演手锤○眼注于前○

打回首锤○眼注于后○

大抵上下四旁○某处当令○则眼神注某处○此是大规矩○亦有神注于此○而意反在于彼者○此正所谓大将军八面威风○必眼光四射○而后威风八面○处处有神也○打拳之道○本无此势○而创成此势○此即自无而有○何其神也○而况神乎其神○何莫非太极阴阳之所发而运者乎○拳至此○已入室矣○动静缓急○运转随心○何患滞涩而无神情乎○

化

化也者○化乎规矩者也○化之境有二○有造化○有神化○造言其始○化言其终○神化者○夫子七十从心所欲不逾矩是也○打拳熟而又熟○无形迹可拟○如神龙变化○捉摸不住○随意举动○自成法度○莫可测

度。技至此。真神品矣。太极之理。发于无端。成于无迹。无始无终。活盘托出。噫。观止矣。拳虽小道。所谓即小以见大者。盖以此。拳岂易言哉。度。去声。

着

自古圣人有文事者必有武备。但文事皆有成书。经史子籍。无所不备。至于武备。则略而不言。自黄帝尧舜。以至唐宋元明。总戎机者。虽各著有兵书。然不过步伐止齐耳。至打拳。皆未之及。拳之一艺。不知始自何时。俱未见有成书。历唐宋元明大清。即间有书。亦不过图画已耳。皆未详言其理。以示阶级可升。且尝见习此艺者。

往往失之于硬。盖由尚血气。不尚义理。义理不明。势不至流于放僻邪侈而不止。我陈氏自山西迁温。带有此艺。虽传有谱。亦第图画。义理亦未之及。愚无学识。工夫极浅。不敢妄议注谱。但为引蒙。不得不聊举大意。以示学者。

下功夫。每一着必思手从何处起。何处过。至何处止。外面是何形象。里边是何精气。要从心坎中细细过去。此着之下。与下着之上。夹缝中如何承上。如何起下。必使血脉贯通。不至上下两着看成两橛。

始而一着自成一着。继而一气流通。千百着如一着矣。如懒插衣。右手从左腋前起端。手背朝上。手指从下斜而上行。先绕一小圈。中间手从神廷前过去。徐徐落下。胳膊只许展九分。手与肩平。停止。手背仍朝上。微向前合。其手自始至终行走大势。如弓弯之意。上面手如此运行。底下右足亦照此意。与手一齐运行。手行到地头。然后足指亦放得稳当。手中内精由心发起。过右乳。越中府。逾青灵穴。冲少海。经灵道。渡列缺。至中冲。少冲。少商诸穴止。足是先落仆参。过涌泉。至大敦。隐白诸穴止。且其内精必由于骨之中。以充于肌肤之上。运至五指上而后止。顶精提起。腰精劄下。长强以下泛起来。裆精落下。右手与左手合住。两足合住。膝与裆、与胸、与小腹诸处无不合住。合也者。神气积聚而不使之散漫。非徒以空架闲着。苟且了事。惟恭敬将事。则神气处处皆到。方不蹈空。下着单鞭。大概与此着同。

大凡手动为阳。手静为阴。背则为阳。胸则为阴。亦有阴中之阳。阳中之阴。某手当令。某手为阳。某手不当令。某手为阴。亦有一着也。而先阳后阴。一手也。外阴而内阳。一阴一阳。要必以中峰精运之。中峰者。不偏不倚。即吾心之中气。所谓浩然之气也。理宰于中。而气行于外是也。浊气下降。合住稍精。下掤稳当。上掤亦灵动。千言万语。难形其妙。当场一演。人人可晓。可见。落于纸笔。皆成糟粕。形于手足。亦成迹象。而要非迹象无以显精神。犹之非糟粕无以写理义。是在善学者。孟子曰。能与人规矩。不能使人巧。其斯之谓与。

志

心之所之谓之志。凡人贵立志。不立志。则一事办不成。终身居人下矣。如能立志。则以上数条。自始至终。层层折折。悉究底蕴。不敢懈惰。由勉然以造于浑然。所谓有志者事竟成。不然者败矣。人顾可不立志哉。

恒

天地之道。一恒而已。惟其恒也。日月得天而能久照。四时变化而能久成。圣人久于其道而天下化成。

何况一艺。苟能殷殷勤勤。始终无懈。何至苗而不秀。秀而不实乎。书曰。学。贵有恒。孔子曰。人而无恒。不可以作巫医。可见人之用功。惟恒最贵。志为功之始基。恒为功之究竟。能恒则成。不恒则败。志恒二字。乃做事之要诀。学者不可不知。尤当猛醒。尝见人之用功。或做。或辍。不植将落。反怨师不教人。抑何不返躬自问其功如何哉。

品三陈鑫新著 太极拳图讲义 揭要

天地之道。一刚柔而已。揭手亦然。彼以刚来。我以柔应。柔中寓刚。敌人皆惊。刚来者。人以刚侵我也。柔应者。我以柔顺应人之刚。惟柔中寓刚。人所难测。所谓引进落空也。一侵即跌。能不惊哉。

打拳之道。开合二字尽之。一阴一阳之谓拳。其妙处。在互为其根而已。开者为阳。合者为阴。刚者为阳。柔者为阴。动者为阳。静者为阴。外者为阳。内者为阴。伸者为阳。屈者为阴。阴中藏阳。阳中藏阴。阴阳互为其根。

打拳之道。未上场。先打扫心。使其心清清净净。无一毫私念横于胸中。然后上场。上场时。心之诚敬如齐明盛服。以承祭祀一样。心平气和。必使浊气下降。下体自然稳当。清气上升。上身自然灵动。当此寂然未动。心中一团和气。亦浑然一太极而已。

阴阳总别

纯阴无阳是软手。纯阳无阴是硬手。

一阴九阳根头棍。二阴八阳是散手。

三阴七阳犹觉硬。四阴六阳类好手。

惟有五阴合五阳。阴阳参半称妙手。

妙手一着一太极。太极色空归乌有。

第一势 金刚捣碓

老谱只此名目。画图仅有十势。敬绘无遗。

足重手恭头容直。心存敬慎目端肃。
始终由此规矩走。无限天机皆太极。

七言绝句

金刚捣碓敛精神。首句。敛。字伏寂然。不动意。
上下四旁寓屈伸。二句。写动静开合。千变万化之道皆从此出。
喜怒哀乐当未发。借此以写中道。
浑然太极具吾身。应首句。

其二

养成太极似太和。锦绣花团饱胸罗。

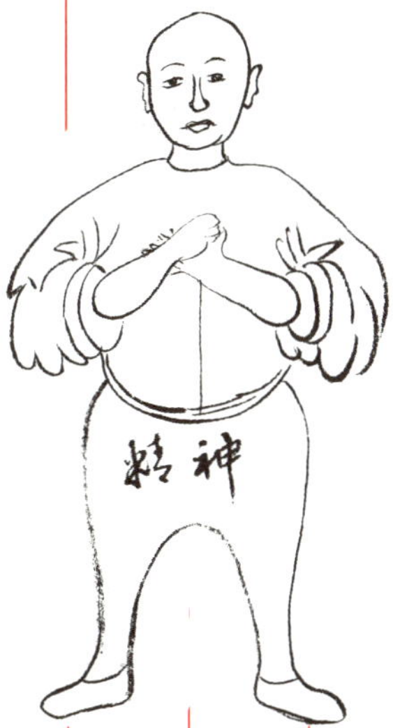

天上金刚携玉杵○善降人世众妖魔○

其三

不是金刚降魔杵○妖妖怪怪莫敢阻○

大开大合归无迹○美大神圣方可许○借学境以形拳之境○

其四

外保君王内保身○全凭太极运精神○

寂然不动归无极○色色空空尽天真○体用俱备○

喜怒哀乐

立天之道曰阴与阳○立地之道曰柔与刚○

立人之道曰仁与义○三而两之体用俱备○

其五

先左后右不为奇。一动一静似围棋。
围到山穷水尽处。倏然一势判雌雄。

此着无极而太极。阴阳之始基也。学者当清心寡欲。沉心静气。以审阴阳发动之始。

金刚捣碓。一名护心拳。

何谓金刚捣碓。金刚。杵名。神之所修。如精金百练。坚强不屈。手所持者。降魔杵也。捣碓者。如谷之在臼。以杵捣之。打拳。右手捋住锤头。左手抠住。如碓臼。形如以杵捣臼。故名之。取其坚刚沉重意。

打拳以鼻为中界。左手管左半个身。右手管右半个身。心身不可使气。以手领肘。以肘领肩。着实肩领肘手。外形似先以手领之。手中之气。仅仅领住肘而已。上截手如何动。下截足亦如何动。上下相随。当中自然随住运动。此谓一齐运转。一气贯通。将上场。立必端正。两手下垂。足并齐。膝微屈些。中间用住裆精。裆精一开。然后心气发动。心机一发。先以左手领起。左脚往前进半步。遂以右手领起右脚。左手先绕起来。右手自下绕左手外面而上。两手套住转环。转拘一圈。右手落在左手中。手与心齐。一齐停住。右手与右脚皆虚虚笼住。左手与左脚皆实实在在落住。左脚踏在地上。如土委地。两大腿根要开。裆开不在大小。即一线之微。一丝之窄。亦算是开。盖心意一开。裆即开矣。顶精领起来。浊气由心落到丹田。归于中极。何言由心降下。心气一下。满身浊气。自随而下。太极拳自始至终。独此一着是正身法。端而肃。实而虚。上下四旁。静以持已。亦静以待物。即物来顺应。亦犹是吾身之阴阳运所当运者而已。头一着端端正正。理实气空。不脱元气。所以领袖群着。而为众着之首。其归穴处。仍归到浑然一太极。无端绪可见。

打拳之道。一圈而已。圈有正有邪。有大有小。有扁有圆。有尖有方。其中阴阳之精。宜缓宜急。宜刚宜柔。实太极之阴阳。循环无端。人得阴阳之气以生。故吾身自有吾身之太极。以吾身运吾太极。又奚足怪。如人之行路。右足行。阳也。左足止。止。阴也。左足行右足止。阴阳递更也。且行之中寓止之意。止之中寓行之意。是即阴阳互为其根也。此即阴阳自然运动。人但习而不察耳。打拳之道。亦如是也。

第二势 揽插衣

七言

世人不识揽插衣。左屈右伸抖虎威。
屈内寓伸何人晓。伸中寓屈识者稀。
裆中分界如剑阁。头上中峰似旋机。
千变万化由我运。丹田两足定根基。

身莊放正心平氣和
精由心發後皆倣此
肩要壓下
頂精領起來
眼神看住右
手中指
右手來拉單鞭
要與左手合住
肘外方內圓
右膝要與左膝合住
臑要圓
足尖與左
足尖合住

揽插衣讲

所谓揽插衣者。左手如抱揽之意。手岔住腰。肘微向前合。大指与后四指岔开。手从上腕穴斜下。其意似往里去。似往下按。手掌向后。此着属阴。阳在其中伏矣。是谓阴中藏阳。右手从上腕穴自上往右向下。再向左。绕一小圈。再往上。然后徐徐向右而发。高不过肩。手走到九分即止。内中之精。不前不后。由中而行。后则擘。前则合。皆不得其中。精以中指为主。中指精到。余指之精皆到。精由心发。

越乳上。过腋前。入肩膊内骨中。内穿骨髓。外充肌肤。徐徐运行。迨其精走到指头肚。然后手与手合。肘与肘合。足与足合。膝与膝合。说合。则两半个身。上下一齐合住。当中裆精开开。又要合住。是合精寓于开精之中。非开是开。合是合。开与合分成两股精。

右手动。右脚随住右手亦动。一齐行走。右手将停。右脚脚后跟先落地。腻之之落到大拇。放成八字势。以两足论。右足在前。左足在后。是前虚后实。以一足论。亦是前虚后实。脚心洼住。实而虚。腿精自外踝向内斜行而上。里边精亦是自内踝斜行而上。二股精相同。其精行到大腿根。至阴卵。下中弦。两股精对头是其结穴。此处是混身精所归。此处要虚。此处虚则上下皆灵矣。

裆。大腿根。精。去声。之之。二字。上。之。字下平声。下。之。字上平声。皆语助辞。对。去声。

胳膊大腿皆用缠丝精。不可直来直去。一直则无缠丝绵软之意。无缠丝绵软意。不惟屈伸无势。即与人交手。亦不能随机接应。妙于转关。转关不妙。在我已输人一筹。何以制胜。右手行到九分即止。神气要贯得十分满足。此处最难形容。由起至止。须慢慢运行。能慢尽管慢。能慢得十分。则打成时方能灵得十分。先斜后正。斜者其形。正者其精。精即心中中气。即孟子所谓浩然之气。太和之元气。非血气之气。乃义理之气也。气非理无以立。理非气无以行。理气非形无以载。此理之御气。借形以运者也。能如是。方可谓之精。手指运动要束而不散。束则神聚。散则气涣。总之。官骸皆听命于心。心一束住。如法而行。手足自不妄动。亦如法运行。肩要压下。肘要沉下。沉肘压肩。乃是拳中始终要诀。眼神要看住手。如此着右手当令。眼即随右手而运。右手运到头。眼神即注在右手中指角上。此是眼神之标准。肩膊头骨缝要开。始则不能开。亦不可使之强开。如涉勉强。心虽曰开。究竟未开。必工夫久。自然开。方算得开。右手仅与肩平。不可低。亦不可高。过高则揭膀。胳膊无力。顶精领起来。顶精何在。在百会穴。些须领住就算。不可太过。太过则心气提起。下掤上悬。立不稳当。此是一身管键。中气之所通者。不可不知。脑后两股筋。通乎上下。是辅吾之中气者。即前后任督二脉。

中气

脉也。非中气也。中气何在。在于一心。心意一动。中气随之。贯于脊臂。上下骨节。白筋之中。如中流砥柱。此为一身之主。不可倒塌。前头锁骨。亦要领住。是皆形之辅吾中气者。至于四肢运转。非四肢运转。乃先有中气贯于四肢骨节之中之运转。而四肢因随之而运转也。究其本源。是即吾心之正气。脊骨有定。中气贯注亦有定。四肢无定。中气运行亦无定。而必欲执一端以论中气。是皆不知中气者。此是打拳顶紧要着。故不得不絮语烦言。

此着右手以阳为主。而阴实藏乎阳之内。是谓阳中有阴。未动以前。阳即寓乎阴之中。既动之后。阴即随乎阳之内。手向外扬属阳。手往里合属阴。右手胳膊肚。其精由肩而至于指肚。是阳精。手背其精由指甲越胳膊背面。引而至于肩下窝。是阴精。是谓阳中之阴。是即阴阳缠丝精也。左手以阴为主。指肚之精由胳膊里面缠绕而上。引而入于腋下。是阴精。胳膊背之精。外绕过肘尖而下缠至于指甲。是阳精。手掌似乎外翻而里合。手背似乎上翻是谓阴中藏阳。亦缠丝精也。与右手形虽相反。而意实相承。大凡每一着临完。形似停住。而神则停而不停。神气贯足。万不可使之少有欠缺。至于两腿精。皆是由脚面外往里缠。上绕而至于大腿根。是阴精。且弦之精。由后绕前。下缠而至于脚心是阳精。腿之上下。皆是缠丝精。皆是阴阳互为其根。以后着着里精。大同小异。皆如是耳。

何言乎神气要足。尝见人之打拳。上一着未完。即欲打下一着。及打下一着。更欲打下着之下着。停留不住。打成流水着。如何能细心揣摩。此性躁欲速者。故犯此病。上着之终。下着之始。其接骨脰筍处。乃是过脉。逢过脉须要细心揣摩。不可轻易放过。此处一糊涂。下着转关不灵动矣。此处既要干净。无闲势自然干净。又要灵动。无横气自然灵动。上着是其来脉。来脉清真。下着自然得势。所谓。得势争来脉。出奇在转关。况且挤手。此是第一要诀。故打拳。着着要打得干净。着着又要体会过脉。久之。自得其妙。

第三势 单鞭

单鞭一势最为雄。一字长蛇亘西东。
击首尾动精神健。击尾首动血脉通。
中间一击首尾动。上下四旁扣如弓。
若问此中真线索。须寻脊背骨节中。
上下身桩。不偏为上。
右手先合。真精内藏。
左手拉开。人所难防。
两足合住。沉肘开裆。
一条金鞭。天下无双。
眼光四射。阵列堂堂。

单鞭讲

何谓单鞭。两胳膊拉开如一条鞭然。此着以右手为阴。左手为阳。左手抬起至脐中往里合。右手亦往里合。两手虽相去尺五。而两中指如两人对脸说话一般。然后。左手从合处自下而上。转向西边。渐渐展开。理。法。精。势与上着右手展法相同。但合时脚在左者。先收到右脚边。脚尖点住地。是为虚步。两脚随住两手一齐合住。神气与官骸。设有一处合不住。即为不合式。上下不能相随。此着以左手为前。右手为后。眼神注在左手中指甲上。左手展到九分。形迹似停。内精徐徐渐运。停而不停。右手自合之后。右腕微嫌往后背一二分。神气仍然往前合住。左脚亦随左手展开。大约不过二尺许。亦因人之大小以展脚步之大小。原无一定。两肩躲下。骨节松开。两肘沉下。两手称住。两膝合住。两脚丁不丁。八不八。踏地要实落。脚心洼住地。要合住。中间胸膛向北。打拳面向北。则身桩正南正北。不可东倒西歪。前仰后合。胳膊如在肩上挂着。神气藏于中。不可泄外。上着以右手为主。此着以左手为主。右手为宾。

第四势 第二金刚捣碓

前有图。不必再绘。后凡遇重着。皆不再绘。

第二金刚面向西。浑身周转手。两手如操。足齐。右足上去与左足并齐。

虚实俱从方寸运。沉肘压肩莫乱提。

金刚捣碓。譬如上场。第一势面向北。此则面向西。先将左脚扭正。脚尖向西。左脚在本地方不挪。右脚向前上一步。与左脚齐。左手先往上领起来。右手随住左手连环套住。各绕一圈。右脚亦随右手往上转一圈。落下。捶头落在左手掌中。两脚齐齐整整并立住。右脚虚。左脚实。虚者伏下脉也。右手亦然。左脚之转。如船捩舵。脚后跟不离本位。一磨脚即西向矣。脚指头一掉转而已。此金刚捣碓。乃是上下两着过脉也。初无别意。其中意思。全是以手领之。内精与第一势同。

第五势　白鹅亮翅

闲来无事看白鹅。右翅舒开又一波。
两手引来倭峰进。奚殊秋水出太阿。

其二

元气何由识太和。回旋玉女弄金梭。
右边引进神机伏。亮翅形传肖白鹅。

写意

不是蛾眉月。神情肖逼真。
双轮齐一转。高下见精神。

何谓白鹅亮翅。其形如白鹅展翅一样。象形也。以右手领住左手。先由胸前自上而下绕至左胁。绕一小

圈。再以左手领住右手。如新月形。逆行而上。向右边去。只绕大半个圈。如白鹅展翅一般。至此。两手似停不停。从胸前平分而下。左手左行。右手右行。右手从右膝搂过去。自下向后转至前面。与心相照。与鼻准平。右手去胸约一尺三四寸许。左手从左膝搂过去。由下而上而前转至后。与腰脊骨齐。手腕朝上。右手落在前侧。椐住手腕微向南。眼神注于中指。左手在后。胳膊弯而背。撮住指头。左手在前。右手在后。中间虽隔胸背。一呼一应。前后相照。右手领左手转一小圈。毕。右脚随住右手屈弯。北上一步。左脚亦随住右脚往北上步。两脚皆至右边。虚住左脚。脚尖点住地。一少停顿。然后再打搂膝拗步。此是前半着。搂膝拗步是后半着。

搂膝拗步。当两手平分下来。左脚亦随住手分之势。如月钩形。向左边开一大步。约二尺多许。略向前一点落住。右脚不移动。一扭脚后跟。令右脚尖朝前。便住。追两手各至前后。然后四肢一齐合住。两大腿精。如螺丝形。自下斜缠而上。归到大腿根且弦之中。裆精下好。脚心洼住地。裆口要开。裆精要合。下体自然稳如太山。裆形是骑马裆。如圭上半截形。

前之白鹅亮翅。动也。其停处静也。静是动中之静。后之搂膝拗步。动也。其停处亦是动中之静。

前之静是半着之末。属宾。后之静是殿全着之终。故为主。上着为下着设势。下着意即从上着中截

生出。此所谓动则生阳。静则生阴。一动一静。互为其根。以一身论。胸为阳。背为阴。左手为

阳。右手为阴。手背为阳。手腕为阴。上半体为阳。下半体为阴。左脚为阳。右脚为阴。腿廉骨为

阳。腿肚为阴。肌肤为阳。血肉为阴。即一只胳膊。背则为阳。内则为阴。以两足论。足面为阳。

足心为阴。此官骸之阴阳也。以内精而论。引精为阴。出精为阳。屈则为阴。伸则为阳。如胳膊背

面本属阳。揽插衣之精。右手却由指肚引而向肩上去。形阳者。精反为阴。胳膊肚本属阴。其用精

由心而运至指头。形阴者。精反为阳。此所谓阴中有阳。阳中有阴。一胳膊而分阴阳。两股精其实

是一股精。是在会用不会用之耳。即胳膊背面之引精。一翻转便成阳精。此即阳根于阴者也。胳膊

肚向外发之精。他人捺来。忽然一缩变成阴精。此即阴根于阳者也。阳藏于阴精之中。阴精藏于阳

精之中。此即阴阳互为其根。细心揣摩。自晓。苟能百倍其功。至心一动。手精即到。快莫快于此

矣○打拳之道○其圈由大而小○至于小无可小○刚之至矣○感物而动○如疾雷不及掩耳○阳精运转○人焉得知之○

第六势 搂膝拗步

两手平分。平分者。两手自人中。中分而下。两足开。两足开者。左足开步。右足一转便正。

前后左右护怀来。

中间只要身端正。

何怕周围四面摧。足开。裆亦开矣。身桩端正。则虚灵内含。预有准备。有备无患。故他人四面摧感。不惧跌倒。

新式身桩上下端正。前后手与手照脸。左膝半屈。左脚比右脚略在前一点。

搂膝拗步。上一势已言之矣。故勿庸再言。此着与上着如一着。分言之。上着为白鹅亮翅。下着为搂膝拗步。右手在前护住胸膛。左手在后护住脊背。身法虽偏。偏中寓正。老式右手向西北。左手向东南。

左脚向西南。右脚向东北。拗一势。故名拗步。胸前之意。海阔天空。足底如下千斤坠。精由丹田。穴名。气海。穴名。行到中极也。

第七势 一收

收者○形神聚敛也○此一势○是上下过脉○无可名○名曰收○收者○右手由下而左○沿路渐渐向怀中收住○去胸尺许○侧棂住手○手腕向怀○左手背向左○也是侧棂势○左腕与右腕相对○左手亦有撮住五指○指头朝下○收到左胁○是阴精内敛○以伏下着阳精之动○右足往里向后○微收四五寸○停住○是实脚○实实在在○踏在地上○摇撼不动○左脚收到右脚边○脚尖点住地○是虚脚○实者为阳○虚者为阴○右脚不动是阴中之阳○左脚虚步亦是阴中藏阳○当其未动○亦似纯阴○及其一动○阳从阴发○是为阴中藏阳○此一着是为蓄势○下着之精神○全在蓄势中伏脉○下着左足一点地即起○亦是阴中之阳○亦是此势中间过脉○其形如猕猴○其势如狮子搏象○用其全力○眼神注在中指○顶精领住○裆精下去○养其全神○俯视一切○有囊括四海○气吞八荒之意○

七言歌

浑身猬缩似纯阴。阴中藏阳任人侵。
引进落空华敛实。右实左虚手内寻。
左脚虚含右脚实。大气盘旋冠古今。
文章贵蓄势。打拳亦如是。
意欲先胜人。须由败中致。

第八势 斜行拗步

势与搂膝拗步同。不必再绘

斜行者。东北向西南。斜而行也。拗步者。脚步与手相拗。不使一顺。脚则前向西南而后东北。手则右西北而左东南。此老式也。新式右手前而左手后。斜而行者。譬如面向西。先以左手领左足一齐向西南开一大步。势如滴水檐往下流水。手足之势。皆是自内而外。自上而下绕一个圈。随势以右手领右脚跟一步。当右脚跟步。右手搂右膝向后由下而上。转向前。落到胸前。去胸尺许。停住。当右手向后由下至上之候。即以左手自上而下。下搂左膝。随势往后收到腰脊。左胳膊弯住。五指束住。指头朝上。去脊四五寸。追右手转过到前。然后两手一齐合住。盖两只手。各做各工。非待左手毕。然后右手才动。左右更迭转环。所谓右手向后。自下而上。转向前。是下边右脚。只艮跟步。上边右手。沿路所走之形也。自一收至此。只是一着。其归尾。左脚落到西南。右脚落到东北。仍是斜势。仍是步与手拗。左右皆是手指用精。

七言俚语

两手转来化机生。檐前滴水看分明。

一波三折全身护。拗步由来尽斜行。

又

左旋右转更迭舞。两手舒张如鸟羽。

右前左后防卫密。斜行拗步最高古。

足随手去起三波。收转进如下山虎。自收至转往前进。如下刺之形。如虎下山。自上而下。其猛无比。至勇至迅。

右手西北左东南。西南东北拗步武。

左先右后手初动。右前左后是归处。

此身自是中峰立。左前右后足与股。
其余内精难尽形。太极拳图看画谱。

第九势 再一收

斜行拗步欲收好。愈收愈敛圈愈小。
收成小身精神聚。陡然一转惊苍老。
不收不见放中情。一收一放何夭矫。
右掌向怀指朝天。左指下束似虎爪。
虎兕出柙下着形。藏锋蓄势自然巧。
半虚半实猬缩形。扑鼠毕竟让灵猫。

再者别乎前而言之也。一收者。上下一齐俱收住。不使四体散涣。其形迹步绉。与前无异。前之收。设势大。其收之圈亦大。此之收。设势小。其收之圈较前亦小。但前之收面向西南。此之收面向西北。此其稍有异耳。收之精。由左而右。由下而上。由外而内。精皆内敛。左手精敛而至于肘。右手精亦由掌而至于肘。手掌向里。左脚尖点住地。右脚实踏于地。上体精归于裆。下体精归于足。顶精领住。胸往前稍合。用含蓄精。

第十势　前堂拗步

前者由东南向西北去。往前进也。堂堂室之中也。拗步见前。此一势。身在东南。先开左足。次开右手。再次左足开一大步。共三步。斜行向西北去。立于堂中。脚步与第一个金刚捣碓针锋相对。面向西北。左足与右足东西对照。不许斜。左足放成八字势。是谓前堂拗步。俗言拳打一条线。此之谓也。末打前堂拗步。再一收。手足如第一收法。周身束住。聚精会神。其形甚小。而其意至大。浩然之气。弥满六合。所蓄之势小而灵。故其发也敏而捷。收以下左手如房檐滴水。水往下刺。音七。入声。左手精由左胁下。翻上至手背。指头往下刺罢。右手亦往下一刺。精由肩至指头。右手从后将泛起来。左手再往下刺。一搂膝。周身精转如车轮。由下而上。转一大圈。右手至上。至前堂拗步地界不动。以下是演手锤。精。去声。

前堂拗步　俗话

二次收来不须长。并提两足聚一方。

上从下刺进三步。紧接演手是前堂。

前堂拗步类斜行。直向西北据中央。

右手未合神已注。两足不动似铜墙。

第十一势 演手锤

七言俗话

练就金刚太极锤。浑身合下力千斤。

劝君智勇休用尽。留下余力扫千军。

演手。以手演而试之也。南方丙丁火。其色红。其性烈。以

手捋锤。击人。其形似之。故名。前堂拗步。左手搂罢膝。

胳膊微屈。泛起来。与左乳平。手微抠住。右手从后转过来。

全身力气自脚后跟上行。越臀股。至肩。以注于右手指节。精神聚此。一齐合下。落于锤头上。右手精

只用七八分。余一二分以防后患。是谓实中有虚。左手合住。虚中有实。右手锤头发出。中间胸要合住。

裆要合圆。脐下之气。归于丹田。左锤须用膀力。左膝微屈。撑住。踏好。须用缠丝精。外往里合。右

膝展开。脚后跟蹬住地。亦用缠丝精。外往里缠。脚心洼住地。腿肚朝外。不可往里夹。

第十二势 金刚捣碓

俚语

第三金刚无侧身法○端庄向北○收敛精神如前○心平气和则得○

又

右足收回○与左并齐○面向北方○左手领起○右手随绕○再打一金刚捣碓○顶精上提○裆精下垂○虚灵不昧具方寸○上提下笼君须记○漫把阴阳提○提起来○阴阳动静互根五内○形于外○只一个开合说尽○煞费精神○学惜分阴○细揣那执中精微○理实气空○任天真者○才是太和元气○

此着法律○与前无异○裆精要虚虚含住○左足实○右足虚○伏下着之脉○演手面向西北○此则转向正北矣○右手往左足边一收○右手随左手绕一圈○打金刚捣碓○

第十三势　披身锤

一名庇身锤○一名撇身锤○撇○上声○

撇身似斜形○回头看住脚○

右足往下曲○七寸打至捉○

此势虽至难○拳中第一着○

第十四势　演手锤

一名背折靠。

右手向东击一锤。中藏背折靠九分。

左手伏在右乳下。预备回头杜后军。

庇身一势最难传。两足舒开三尺宽。

左右分开须后绕。两腿合精似斜缠。

右拳落在神庭上。穴在囟门上。左手岔住左腰间。

身似侧卧微嫌扭。眼神戏定后足尖。

顶精领起斜寓正。裆精合撑半月圆。

右肩下去七寸靠。背折一靠自无偏。

阴阳配停只自喻。此云太极变中拳。

左右。言手也。斜缠。螺丝精也。变是变境。余多正合。此是逆而背折之法。半月。裆中如新月初出。

斜。身形。正。是中精。

庇身者。以锤庇护其身也。披身者。手从中间停分披下。如面向北。右手领住右脚。往东开一大步。身亦随步涉下。泛起来。头扭回。看住后脚尖。身撇住。腰微折。右乳微嫌向前一二分。左肩往后去一二分。神向前合。右脚尖向东北。右膝里合。左脚尖从后往前钩住。眼神注于此。顶精领住。身桩。音庄。虽是邪形。而邪中自有中气贯注。此是身法。至于手法。当右足开步。右膝得屈且屈。右手领住右肩。从右膝下过去。离地七寸。是为七寸靠。右手自下而上。由后而前。转一圈过来。捋住锤。落在囟门。左手自下往后而前。亦转一圈。捋住拳落在腰弯。左锤与右锤。照住脸合住。左肘尖向前。与右肘尖照脸合住。左膝屈一二分。右膝屈八九分。两膝照脸合住。此是上半着。前言右肩去地七寸。如他人对面捺住我头颅。肩背。我即趁势下去右肩。抵住他人膝下。左手扳住他人脚后跟。右肩往上一挑。上声。左手松开。身往上速翻起来。他人自飞身跌倒。此为七寸靠。人鲜能久矣。

左手伸开。放在右乳之前。右锤从左手弯掏出。向东。胳膊伸开。打一锤。再者。右锤领住右肩。自下而前。而后。用背折精。周身精力。俱用背折精。注于右肩。右胳膊。背上。如弓下弦。弓向外弛。此为反背靠。亦为背折靠。如人大铺身。以右手左手缕吾胳膊。背。吾以右手领住右肩。背折打之。

披身。两手由开而合。精皆由掌后运行。开属阳。合属阴。左手之开。阴中之阳。合为阴中之阴。右手之开。亦为阴中之阳。合则为阴中寓阳。此本自为一着。因身法未动。而与下着相连。故合为一着。演手锤用背折精。向内而向外。内本属阴。外本属阳。其开为阴中之阳。言右手也。其合。言左手也。为阳中之阴。外绕为阳。内合为阴。以两截论。上截为阳。下截为阴。前半势为阳。后半势为阴。

第十五势 肘底看拳

也肖猕猴象○仙桃肘下悬○

凝眸看不食○静养性中天○

四言俚语

左肘在上○右拳在下○

胸襟含住○侧首俯察○

左足点地○右足实踏○

两膝屈住○裆要阔大○

神完气足○有真无假○

承上启下○形象古雅○

何谓肘底看拳○拳在肘底也○左手领起○右脚后跟一转○脚尖朝西○左手从南往北转○左胳膊屈住○露

出肘。左足收到右足边。脚尖点住地。屈住膝。右手自南而北。仍转至南。捋住拳。落在左肘之下。眼看住拳。右膝亦屈住。面向正北。顶精领住。合住胸。裆精下去。其迹似停。其神停而不停。必待内精运到十分满足。下着意跃跃欲出。右脚实。左脚虚。左手自上而下。由外内绕。由动之静。右手稍下。亦是由外内绕。由动之静。

第十六势 倒卷红

俚语长短句

帘看珍珠倒卷。真气贯注中间。阴阳上下递更换。两眼左顾右盼。退行有正无偏。一气连贯。似两个车轮更迭转。莫仰首遥瞻。莫颠腿高悬。仔细看。看两个左右手。真似那太和元气。转得十分圆。

尝见有人弄一木偶小人。上下一条线绳。自首穿至尻下。底下坠一铜葫芦。机器一上。两只胳膊更换倒转。极活泼。如倒卷红一样。下头葫芦。如⿰衤旨精下去一般。甚有佳趣。可见物之活动者。皆可借以悟拳。

举足皆前进。此着独退行。

两轮如日月。更迭转无声。

倒者。退行也。卷。即诗言。不可卷也。之意。上着肘底看拳。乃此着来脉。此着左手在上。即从左手

发端。先由上而下。此是骨节脰笋处。此是本着构上着之结处。此即过脉处。不可不察。举此以例其余。学者不可忽略。举隅。当思三隅之如何。左手由前而后。至于下。复转至上。始够一圈。当其至下。才半圈耳。其形如手掊。音庖。取也。物。其精由指肚发起。过肘弯。向腋。至肩。至手背五指稍。当左手至下。右手展开抿住指。向西。由下而后。泛起至上。精如左手。右手由下至上。则左手转至下矣。左手由下而上。则右手转至下矣。两手更迭回转。左手上。右手下。右手上。左手下。一替一圈转环。如车轮辗转。但车轮是一齐转。此是左右一替一转。倒退而行。其形虽分左右。意实相同。

中间身法要正。顶精领起来。腰微嫌弯些。胸要得含蓄意。腰精下去。左足随住左手退行。右足随住右手退行。两膝屈三四分。两足亦是一替一回更迭退行。其意亦是圆转。其精先由仆参发起。仆参。足后跟穴。过膝后委中。穴名。至大腿根。下至膝。至足指。转一圈。以本着论。即。易。坤卦也。虽六爻纯阴。而阳未始。不寓其中。是以大概言之耳。野马分鬣。即。易。之乾卦也。虽六爻纯阳。而阴未始。不寓其内。但以本卦论。纯阴只言纯阴。纯阳只言纯阳。可矣。不必以互为其根参之。

第十七势 第二个白鹅亮翅

又展白鹅右翅开。虚擎两手护怀来。

沉肘压肩蛾眉肖。一点灵机任君裁。

左右手往北上。不可直率。弯如蛾眉。又如初三四之月。又如角弓上弦。右足亦然。

至于应敌。能预定其理。能预养其气。不能预定其势。打拳打到迹象胥化。方可。

临时随机变化。酌量进退。轻重皆宜。何用势为。但以理御其气耳。若一设势。是有间可入。有间可入。人即下手击我矣。即使能御。亦非上乘。故不若无形与无声之为愈。

此着在。易。则为离卦。

上着倒卷红。因地之长短。酌量退行脚步之多寡。必须退行到第一个金刚捣碓地位。将停未停。左手看涉到下。右手从上涉到左边。两手相去七八寸。左右手皆从南绕一小圈。胳膊微屈。沉肘压肩。自下斜向北上。眼看住两手背。右脚向北开一大步。如弓弯而上。左脚亦随住北上。右脚实。左脚尖点住地。

虚以伏下着之脉。至此两手不停。自心口平分而下。右手外绕落在前。微屈胳膊。眼看住中指。左手外绕。落后。屈肘。撮指。意与右手呼应。当左右手分开时。左脚随左手。往南开一大步。其沿路足开之意。亦如月弯之形。左脚较右脚前去一二寸。与前白鹅亮翅无异。后凡打白鹅亮翅仿此。此系重出。上下着之过脉也。

第十八势 搂膝拗步 重出

犹是螺纹左右缠。平分秋色一轮圆。

胸藏无限神机妙。不似寰区硬手拳。

手法。身法。步法。合法。一切与前无异。右手精由腋至肘至指。用缠丝精。左手精由腋至肘至指肚。亦是缠丝精。两胁由外向里绕一圈。是外之所形。皆内之所发。左右腿精由大腿根外往里缠绕。至两足停止。合住精。胸要合住。方有含蓄。裆要下去。下裆全在两膝微屈。合住。且两旁要开。如此。方能合而开。

第十九势 闪通背 一名闪铜碑

七言俚语

前人留下闪通背。右掌劈下大转身。
右脚抽回庚辛位。全身得势似强秦。
一背何由叫闪通。丹田发脉最玲珑。
从头顺脊至长强。翻上全神力更强。
右手一合继一开。转身右手向西来。
右拳未捋如蓄势。欲进未进尚徘徊。

闪者。腰忽弯。而精往前去。通背者。腰弯下。精由督脉顺脊骨上行。过百会而下。归气海。腰涉起。精由气海。顺任脉上行。过前后顶脑户而下。至长强。是任脉之行。前通于后。为通背。闪铜碑。如碑压住背。腰猛弯。长强。臀骨一齐上泛。头颅。肩。背一齐下栽。碑由后倒涉于前。如人忽搂住后腰。

用此着解之○是为秦王倒涉碑○

右手在前○先以右手向南绕一小圈○右脚随右手往里收三四寸○迨小圈绕罢○身桩把正○左脚收到右脚边○脚尖点住地○是虚步○右手随势由中间涉下○至两足内踝骨间○其内精由右背过肩○顺胳膊斜行至手掌○至指头○腰弯下○左手与胳膊展开○精由指肚上行至肩○右手至下复泛上○胳膊似展非展○手过头颅上头○其精复由手回至肩○左脚向西开一大步○左手涉下○精由肩至指○右手自头上随身倒转○自北而东○而南○右脚急随住身○往后撤一大步○右手自头上○转到西边落下○与胁平○至此○左胳膊涉起○手与首顶平○精由左指行至肘○至此○胸向南○左胳膊在东○似展似屈○左手弯住○右手捋拳○手背朝上○向东○从左手腕过○合住精○向东打一锤○右脚随右手开一大步○脚落到左脚之东○身又从南而东转过来○面向北○右脚到东○左脚亦随住跟到右边○脚尖点住地○是始而面向西者○倒转到面向南○何道来○何道去○继则面向南○复进右脚○转回面向北○此着是大转身法○腰弯下涉起来○此着已完○身倒转○面向南○是上下过脉○

顶精领足。不然恐腰一弯即栽倒矣。裆精撑圆。脚底精自后踵至足趾。实踏在地。脚心洼住地。左脚点地。虽较右脚微虚。着实虚中有▲。左足趾如铁椎扎地。极有力。不然恐向前跌倒。故上下全凭中气贯注。神气方不散涣。

第二十势 演手

七言俚语

忽从背后两家来。铜碑倒涉第一开。

再言进步如风疾。又令来者仰面回。

其二

连环进步向东催。拳打如风又如雷。

两面开法皆一线。阴阳阖辟看鸿裁。

其三

转过身来右手西。须教演手与心齐。心是敌人心口痛处。

未曾动手先进步。红拳合击令悲凄。

前演手。左膝屈而撑。右足往后蹬。此之演手。右足随右拳东进。脚落在左足之东。左足又跟在右足之

边○脚尖点住地○拳合住打○进步要快○右拳向东出去○左手落在左乳之间○演手界只到此○以下是单鞭上界○右脚实○左足虚○

第二十一势 单鞭 重出

两手分开又单鞭。逍开中极贵撑圆。

伏根如下千斤坠。领袖犹从左指先。

右手稍往下刺。左手在左乳。亦向右胁前往下一刺。与右手皆向里合。合毕。左手从右腋掏出。向西展开胳膊。眼看住左手中指。前手背侧棂住向前合。后手背（右手也）。朝北。束住指。亦向前合。二手指针锋相对。左足往西开一步。八字势。右脚尖朝北。其余身法内精。皆与前同。

第二十二势 左右云手

七言俚语

双髻螺鬟左右连○层峦叠嶂上摩天○
无心出岫图如画○嘘气成云向手研○

五言

双手领双足○左右东西舞○
先由左足起○右手复西去○
右足亦收西○两手与眉齐○
两手去尺余○内外转徐徐○
右手收回时○左手至西住○

何谓云手○手之来往○如云无心以出岫○任风吹以往还○手之往还○回环伸屈○如云之随风舒卷○状似

螺环纹。亦象形也。

单鞭面向北。即往西横行。先以左手往上领起。右肩随势松下。沉住肘。右手涉到右胁。右足收到左足边。然后左手领住左足往西开一步。左手向上横转一圈。左足在下随左手往西横开一步。左手左足一齐转圈。面向北。手足皆带月弯意方好。左手到西。右手自上而下。里收。到右胁。亦在西。左手到西。右足随右手亦到西。与左足齐。左手再自上而下。向里。由下转上。向西。左足亦再往西。横开一步。当左手转至胁。则右手已自胁从下而上转至东矣。右足亦收至左足边矣。当右手从东而下。至胁。则左手自下而上。转至西矣。左足又往西开一步。总之。左手到上。右手到下。左手到上向西转。右手到下至胁。右手到上。左手到下。右手到上向东转。左手到下至胁。左右手一替一回更迭转环。左右内精皆由气海。丹田发出。一分两股岔。一行于左。一行于右。行于右者。上行至乳。斜行至肩。往下向里缠绕。至大指掌。复前行。自大指外侧。至次指。中指。至无名指。至小指外侧。下至小指下。手掌由外往里缠回。过肩。至腋。至胁。复归至气海。丹田。周转一圈。左行者亦然。顶精提住。裆精下去。

此上体精也○至于下体○内精亦由气海○丹田发出○也是一分两股岔○一行于左○一行于右○行于右者○下行右大腿根○里往外缠○至内踝○由内踝前行至大指外侧○越二三四指至小指○至足外掌○此两处用精○大精由此至足心里○上行至外踝骨○外往里缠○上复缠至大腿根○上归丹田○气海○亦周转一圈○左行者亦然○上下所行○一股气也○但所行之路○有上下○左右之分○不得不以分者○分言之耳○至论其本根○皆由心发○论其发动○其外见者○皆由手足先动○此所谓孝弟也者○其为仁之本与○断章取义○形理皆类乎此○

此坎卦也○

第二十三势 高探马

何谓高探马◦如马身本高◦上又被鞍◦则尤高矣◦人骑之◦非仰而探之不可◦左手搭鞍◦右手持鞭而上◦亦象形也◦

两手相承如操刀◦大敦点地称英豪◦

古人留下此一势◦好似仰探骏马高◦

讲

云手◦左手到西◦右手亦随住到西◦手在胁下◦左足到西◦右足收到左足边◦将停未停◦随势右脚向东北◦斜退一步◦右手领住左手◦自下向后◦涉上转到前◦右手在上◦左手在下◦右手精由背至腕◦左手精由掌至背◦右足落地时◦足趾向西◦左足随势收到右足边◦足趾点住地◦右手如搭鞍之势◦左足如上磴之形◦

第二十四势 右插脚

先将左足向南横。上抬右足面展平。

右手掏从左腋下。上往下打如相迎。

又

面南左足定根基。右手下迎定无疑。

浑身合住腰微屈。东嘬西打自相随。

四言俚语

部位记清。面离分明。

左足先横。右足跟定。

右手左掏。向足打平。

右插脚者。右脚往上抬三四尺高。而以右手自上而下打之。未打二起。先插此两脚。演而试之。单脚能

起。双脚亦能跳起矣。必手挨着脚。方算插脚。此又摩擦之意。

高探马者。左足点地者。向前挪四五寸。足趾向南。立稳。左膝屈二三分。右足上在左足西。足趾亦向南。立定。然后。右足向西。横不量抬起。约三尺。左胳膊似屈似伸。身往前合住。右手从左腋下掏出。亦是横不量向西。自上打下。打在右脚面上。必右手与右脚一齐俱动。令手足往一处合打。右脚面展平。方能打得响。此处独左脚在地。故更得踏实。顶精领起。裆精更要下得好。身法。必合住胸。合住裆。右手与左手合住精。然后右手再掏。眼看住右手中指。右手精由小指后掌下转至大指掌。再转至中三指肚。下至劳宫以上。打方有力。打毕。右脚仍落原初地位。要虚。以伏下着之脉。左手合住。指头斜。似朝下。右手打毕。不落下。与乳平。胳膊伸而不屈。

第二十五势 左插脚

七言俚语

再将左足面向北。扣合全身自有力。

左手右插向下打。丝丝入彀方合式。

四言俚语

面向北方。右足先倡。

右足立定。左足再扬。

左手右掏。下合成章。

中气贯足。乃尔之强。

左插脚。先将右脚尖扭向北。再以左脚上右脚之西。脚尖亦向北。立定。左足横不量往西猛抬起。约三尺余。左胳膊亦微屈。左手与右手一合。合毕。左手从右腋下掏出。自东而西。亦是横不量。从上下打○打左脚面○也是左手与左足一齐发动○往一处合○左脚面展平○打毕○左足落下○脚尖点住地○面向北○当打左脚时○右膝微屈二三分○顶精领起○脚底要踏实○裆精要开○身法与右插脚无异○内精左与右同○

第二十六势　双风贯耳

七言俚语

转过身来面似东。全凭真精贯当中。
两拳蓄势机若动。一展双耳贯清风。

何谓双风贯耳。两肘屈住。猛一展开。左右手从左右耳边过去。风入于耳。会意象形也。

讲

左插脚之左足。才落在右脚之西。即抬起左足从西而南。放在右脚之东。面向南矣。迨两拳操住。似向东发。面亦微向东矣。两胳膊猛一展开。即为中单鞭。手往耳边过去。即为双风贯耳。内精。身不往西去。坠不住身。即跌于东矣。两胳膊精由胁上行。过肩。至指头。须用缠丝精。肘屈为阴。胳膊伸开为阳。此是大概。至于屈中藏阳。伸中藏阴。自不必再言。

第二十七势 中单鞭兼蹬一跟

转过脸来面向南。上言东。此言南。先由北转向南。再由南而东。

东蹬一势左足悬。

欲入虎穴取虎子。

先使太极中单鞭。

何谓中单鞭。身居当中。两手一齐展开。与他处先懒插衣。后拉单鞭不同。何谓蹬一跟。左足向东抬起蹬一脚。此着与上着相连。皆象形也。双风贯耳。由屈肘至此。兑卦也。一阴一阳。亦象形也。

此着承上着中单。两足立定。左足抬起。向东蹬一脚。内精由丹田发。一岔两股。一股由大腿下去。至仆参止。仆参。脚后跟穴。立好。身微向西歪。中气贯住。方能称住。一股由左大腿下行至左足仆参。用精一蹬。两腿皆缠丝精。右膝微屈。顶精领好。裆精下好。才稳。

第二十八势 下演手锤

放开脚步向东贪。十分精神只用三。
下击一捶用制命。好似身将虎子探。

讲

何言乎下演手。与前向心口平打演手不同。故别之。亦象形也。

此艮卦也。

兼山艮。君子思不出其位。

艮止也。时止则止。时行则行。动静不失其时。其道光明。

左足向东蹬毕。左足落地。左手向下往后去。右脚往东开一步。漫在左脚之东。左脚再往东开一大步。

屈住左膝。右手自西向东。从上往下。打地一锤。大开裆。身虽栽下。顶精领住。右足后跟不可掀起。

胸中横气卸下。内精。右脚霸住。不令前去。满身精神。俱聚在右拳上。精由尻上行。顺脊右旁。上至

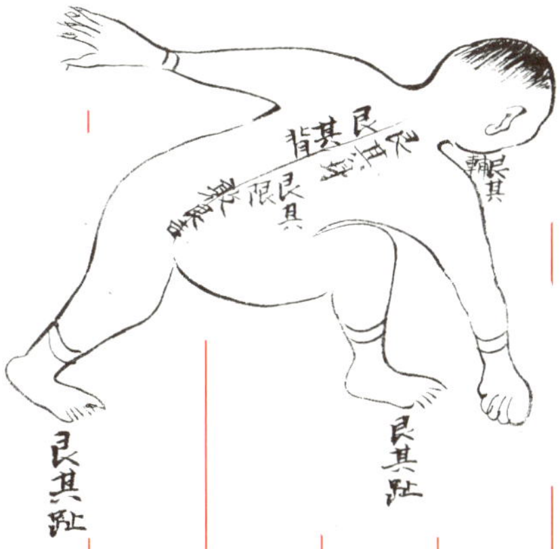

肩。至右拳止。胸要虚虚合住。不可塘下。右足四分力。左足六分力。此着是扭一精身法。右手在前。右膝亦在前。左手在后。右足亦在后。中间无胁处扭一精。方才合式。

第二十九势 二起

五言俚语

二足连环起。全身跃半空。不从口下踢。何至血流红。

七言

中气提来膂力刚。连环二起上飞扬。若非先向东伏脉。西踢焉能过鼻梁。此着虽先由脚踢。全凭中气贯足。顶精领足。方能跳得高。起得利。

二起者。左右足连环跳起来。亦象形也。

右拳栽下至地。左手在下。领住左足往上一跃。离地二三尺高。未落下。右足随住左足。亦跃起至五尺高○是右手领之○右手从下至上○展开手○往下打右足面○右足必须展平○其打之形○右手由下而上○由东而西○再由上往下打○打毕○左足先落地○右足后落地○右足往西开七八寸○左足亦往西○涉过右足之前○开一尺余○身往下下○露出左膝○左右手从膝两边平分而下○顶精领住○腰精辞住跃起○顶精往上一领○丹田精往上一提○则全身俱起○腰无胁处如磨管心○往西一转○右手在前○左手在下○右手合打右足○极干净○极灵动○较之未踢之时○右手先绕一小圈○爽利○但稍难耳○

第二十势　兽头势

七言俚语

两拳上下似兽头。左足点地又一收。护心拳里无限意。欲用刚强先示柔。此着一名护心拳。

四言

两膝要屈。两股要束。言其意也。立而不直。两拳合伏。何言乎兽头。右手下。左手上。其势如房上兽头。亦象形也。二起罢。左足在前。两手平分下。左足收在右足边。脚尖点住。伏下着伏。捋住拳。合住胸。裆精撑

圆○神气贯足○其手一只在上○一只在下○为兽头势○两手平分○竖起身○无论左右膝○向他人裆中往上顶○即为分门桩○两拳向耳门关一对○上声○即为刀对鞘○皆不可轻用○

第三十一势 踢一脚

上一势乃兽头势之下。踢一脚之上。过脉也。

五言

左脚朝上踢。恒人多不识。

兜裆只一下。管教命遂没。

七言俚语

眼前壁立对天关。剑阁中空似月弯。喻敌人裆开也。上句是敌人以刀穷我。

若遇英雄刀如虎。一脚踢倒万重山。

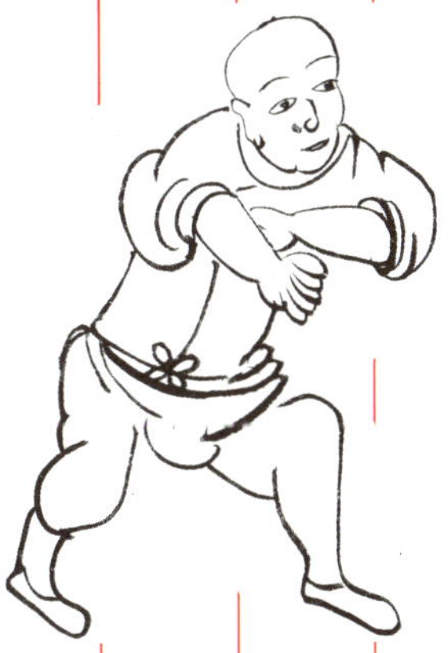

踢一脚以左脚上踢。象形也。无上着之收。则下着之左足踢去无力。无上着之收。则下着之左手不能放。既收之后。再将左足尖点住地。敌人头向下。即抬起左脚。踢其颔下带承浆。敌人头向上。即下踢其裆中。两手亦随势展开。内精由丹田发。行至左足指。踢方有力。右精下行到足。脚心洼住地。胸要得含蓄意。此着非到难处。不可轻用。

第三十二势 蹬一跟

七言

左脚向西往上踢。两手捺地似虎力。

倒悬身法朝上蹬。翻身演手照胸击。

其二

再将右足上蹬天。顺住右腿蹉无偏。

两足朝上似并莲。两手踏地身倒悬。

何谓蹬一跟。以右脚往后蹬。亦象形也。

左脚踢罢。面向西者。从北转过面向东。头朝下。两手按地。朝上蹬。如吾以左脚踢人。人捋住吾脚。

吾即以右脚朝上蹉他人之手而蹬之。浑身精力俱用在右脚后跟上。内精下行至仆参穴。蹬方有力。两手

下按地○背精由裆上行○至两肩○又前行到手指○前胸内精由气海上去○至腋前○顺至手掌止○手往下

捺地○足往上蹬人○一齐发动○

第三十三势 演手捶 重出

左足落地最为先。右足落在左足前。

再将左足进一步。试我神力饱空拳。

讲见前

蹬一跟毕。左脚先落地。带落带身自东往南转。右脚往西落地。亦带落带往南转。两手伸开。随左右足取势。左足从东再漫过右脚之西。去右脚二尺余。放成八字势。面之向东者。自南而北。既转向北矣。右手自下而上。转向正西打一捶。须用膀。借字。力。方有精。要合住肘。至于内精皆如前。

第三十四势 小擒打 一名小擒拿

何谓小擒拿。上惊下取。以小术拿人。以小术擒取打之。会意也。

七言俚语

后足跟在左足边。左足抬起再往前。
左手提起如遮架。右手一掌直攻坚。

其二

掴肚一掌苦连天。偷从左手肘下穿。
任从神手防不住。何况中峰尽浩然。

打毕演手。右脚跟一步到左脚前。左脚再往西进一步。左手向南转。提在上边。手与肩齐。右手从北转。落在左胁之间。左胳膊屈住。五指朝上。肘朝下。肘尖在右手之上。右手在左肘之下。用横推横打之势。左腿膝盖也要露出。顶精领住。腰精▲下。腰精合住下。去声 下。上声 眼神注在右手。

第三十五势　抱头推山

七言俚语

方丈蓬莱海上山。仙人偕侣惯登攀。

谁知天下奇男子。竟欲抱头推紫关。

其二

推山何必上抱头。精力由来据上游。

自是下方根脚稳。推倒蓬瀛盖九州。

此兑卦也。

何谓抱头推山。两手抱住头。向前推人。如推山然。亦象形也。

两手松下。两肩亦随势松下。身扭回。面向东。右足收回。屈住膝。脚尖点住地。两手从右膝上平分而下。两肘外方内圆。两手自下而上。由外而内合住精。向东推。右手在东。左手在胸。右脚向东进一

步。右膝微屈。撑住。左足向后蹬住。右足如八字撇。踏稳。其推之势。两手从耳边过去。抱住头。向东推。中间横气要卸净。左膝屈一二寸。身法面向北。比向东蕴藉。胸或向东北亦可。眼看住两手。用精全在腰与手足。顶精领好。裆精下好。方见稳当。

第三十六势 第四个单鞭

七言俚语

抱头下势是单鞭。裆口分开比月圆。

返璞归真神内敛。任凭何处奋空拳。

其二

单鞭左足向西开。右手徐徐顺势来。

上接抱头推已毕。前昭去路莫徘徊。

此离卦也。

推山毕。左足收在右足边。脚尖点住。左手与右手照脸一合。左手从右胁乳前掏出。自东向西。拉开单鞭。当未拉将拉之时。左足随住左手。一齐拉开。眼神随左手一齐行走。待左手内精走足。眼看住左手中指。左脚放成八字势。右足正南正北立定。余皆与前单鞭同。

第三十七势 前昭 后昭

此连二着。故列在一处

此着就上单鞭形势。

前昭

七言俚语

眼看左手是前昭。龙头言左手也起处是根苗。

自北往南才一绕。上领言左手也能降满山妖。

后昭

眼看后手是后昭。裆中愈下似虹桥。

两肩卸下胸含住。屈肘屈膝并下腰。

前昭后昭合言

眼顾左手是前昭。回收右手似灵猫。

左领右卸容易转。不为五斗也折腰。

单鞭。左手在西。自北而南。带绕圈。带往上领。是为前昭。

左手领起来。右肩卸下。右肘收在右胁。手指朝上。眼看住右手。是为后昭。

右手亦是自北而南。绕一小圈。右膝屈住。脚尖点地。是虚步。是阳归于阴。此着全为下着设势。是引精。右手越收足。身愈束得小。转关愈灵。得势全在来脉。出奇全在转关。左手上领。精由肩而至手。阳精也。右手精由手而归于肩。阴精也。其实阳发而阴回。阳往而阴来。一股精也。上边左手领。左足亦随左手而去。右手收回。下边右足亦随右手收回。上下相随。一气贯通。吾故曰是一股精。

第三十八势　野马分鬃

七言俚语

两手握地转如飞。中气上下贯不倚。

学者若会其中意。何惧脸前剑戟临。

两手握地。身法下去。手擦地而上。转如飞者。如鸷鸟之飞。由下而上。由后而前。言其疾也。中气贯住。顶精上领。裆精下下。

其二

一身独入万人中。此际才知大英雄。

两手飞风分左右。好同野马自分鬃。

此着纯用阳精。而阴柔实寓阳刚之中。乾象也。

何谓野马分鬃。人往前行。左右手舞。如马驰于野。鬃分两旁。亦象形。此乾卦之象。

左手收毕○身往下一煞○腰精下去○顶精领起来○中间上下中气贯住○如中流砥柱○动而不动○不动而动○两只胳膊○如在肩上挂着○活泼泼地○两肘沉住○两膝微屈○两手伸开○左手领住左脚○由下起○向南而上○意若向东南○左足往前开一大步○右手领住右脚○手握地起来○向北绕上○意若向东北○右足亦前进一大步○则是左手到上○右手到下○右手到上○左手到下○更迭转环○圈能大○尽管大○形势正与倒卷红相反○此与倒卷红○皆是大舖身法○必待右手到前○左手在下○方止○

第三十九势 单鞭 重出 不再绘图

七言俚语

右足东剪立东边。左手向西拉单鞭。

上下精神皆贯足。安排下着向东偏。

左手在前。右手在后。以右手领住右足。自下而上。由后而前。顺绕一圈。足向东跃一大步。三四尺许。脚落住地。左足跟至右足边。脚尖点住地。然后。右手领住左手。先一合。凡言合。手合则周身精皆合住。此由动之静。欲伸先屈之法。合毕。然后左手从右乳外向西拉开单鞭。越缓越好。拉单鞭时。左足向西开一步。足趾向西北。右足正南正北。眼看住左手中指为的。

第四十势 玉女攒梭

七言俚语

天上神女弄金梭。一来一往织绫罗。

全身攒过追风迅。一道祥光写太和。

何谓玉女攒梭。因住身法。如天工玉女。身向东攒。如神女攒梭。象形也。

上着单鞭。左手上领。右肩松下。身法团聚。愈小愈好。为野马分鬣

飞身而上设势。不如此。足跳不开。身亦飞不上去。盖不屈则不能伸。不屈而又屈。必不能伸而又伸。

此着单鞭。也是左手上领。右肩松下。右胳膊屈一二分。手侧棙住。自下而上。由北而南。顺转一圈。

初学。圈转要大。及成功。愈小愈好。极言之。骨髓一转圈即转过。甚至神情一动。外面圈即转过。吾

见先大人耍此着。极小。极细。极微。外面视之。胳膊如不动然。其实内精一动。如太和元气旋转一

般。是诚吾身之元气。即天地太和之元气也。此着左手绕一圈领足。右手与胳膊。肩背。愈转得灵动。

左手方上领时。右足提起。亦转一圈。足趾点住本地。再以左足向东跃一大步。尽其全力。愈远愈好。

左手从右胳膊上攒过去。此是一大转身。身法自西而东。自南而北。落脚先落左脚。右脚落在左脚边。

脚尖点住地。有急流返退之意。脚步要站得住。立得稳。

第四十一势 揽插衣 重出 不再绘图 第二个揽插衣

七言俚语

玉女攒梭步剪东○轻身直入众人中○

立定左脚开右脚○又展右手如张弓○

右足向东开一步○趾向东北○右手从左腋掏出○向东展开○眼看住右手中指○胳膊似弓弯势○左手岔住腰○周身形迹○内精与第一揽插衣同○

第四十二势　第六个单鞭

七言俚语

玉女攒梭揽插衣。承上言。再拉单鞭理更微。

神机养到无迹处。一散便似雪花飞。

雪六出。言左手也。是第六单鞭。内精。心气一发。由合而开。左胁亦是里往外开。右胁由前往后去些。上下皆用缠丝精。待内精走足。然后上下俱要合住。神方聚而不散。

揽插衣毕。左足收到右足边。脚尖点住地。左手收到右腋。即从右腋掏出。向西展开。左足随左手亦向西开一步。眼随住左手行。待左手展足。停住。眼看住中指。胳膊微弯似弓。内精由丹田上行至肩。缠至大指掌。复上行至五指肚。又从小指掌内缠至外腋。复归丹田。转一圈。左右精同。下体精从丹田一发两股。一股下行。里往外缠。过踝骨。至五趾肚。复由足外掌。外往里缠。上行至丹田。左腿亦然。

第四十三势　第二个云手

七言俚语　图见前

一来一往手又云○旋转与前不差分○

上承来脉也一样○左足微殊起下文○

讲

左手向西往○用背折精○往上领○即带动右手由下往里收○右脚亦收在左足边○不立不停○右手由里而上○向东舞○右足亦由里向东开三四寸○右手向东舞○即带动左手由下往里收○左手收至左胁前○亦不停留○随势由下而上○转向西舞○左足由内而外向西开一步○左手向西舞○又将右手带回○至胁○左足向西横开一步○又将右足收回○至左足边○手一替一回云○足一替一回往西挪一步○至二起地位○左手恰好至西○止○左足亦恰好至西○左足向西开步○不与前同○末尾○左足向西开步○微嫌往西北一点○左足落地○云手之足○至此止○因一气旋转○不易形容○故不惮烦言○恐人见左手向西舞○而以右手不

动○右手向东舞○而以左手不动○如此则视左右为两橛○不然○又将左右手足混成一盆○眉目不清矣○
又安能血脉贯通○一气旋转乎○故当细审○又当活看○方得○

第四十四势 摆脚

何言乎摆脚。右脚抬起。从南往北摆。右手从北往南。横不量打右足。亦象形也。

云手末尾。左手到西。左足向西北开一小步。右足落在左足边。即抬起向西南。往北摆。脚去地三尺。

左右手展开。一齐从北往南。横不量打。脚与手一齐横打。令其对头。左右手到东南。右脚到正北。面向正西者。转向西南。右脚犹在半空悬着。摆脚界限至此而止。以下是跌岔前界。云手代云代领。手从下自南往北转一圈。再从北往南摆。左右手至东南矣。复从东南转回到东北。在空中悬。手之界限至此而止。左膝微屈。裆精微下。手打足之趾。足寻指之肚。令其两相向。对头。

第四十五势 跌岔 一名一堂蛇

跌岔者。人跌在地。两腿岔开。一堂蛇者。腿在地展开。如堂上拖一条蛇。亦象形也。

七言俚语

上惊下取君须记。右足擦地蹬自利。

右股屈膝膝挨地。离形得似蛇无异。

一堂蛇 五言

右足朝上摆。左足下擦地。

足向西南蹬。又是攻无备。

用弓背朝下精。又如月钩朝上之形。左手与左足自上而下。复自下而上。自上而下是跌岔界限。自下而上是金鸡独立界限。

摆罢脚○屈住膝○两胳膊展开○左手随住左足○右足往下一跌脚○左脚后跟从裆中向西南拖开○臀股坐地○右膝挨住地○胸合住○裆岔开○前手为阳○右手为阴○左腿展开为阳○右膝屈住为阴○

第四十六势　金鸡独立

耸身直起上冲天。左手下垂似碧莲。

金鸡宛然同独立。右腿屈膝看高悬。

玉堂金蛇上。上（言从下而上也）。如弓（言内精也）。任脉上寻督脉通。

手端颔下裆顶膝。（以我之膝顶人之裆）。一着即可决雌雄。

何谓金鸡独立。如鸡一条腿跷起。一条腿在下。爪落地。象形也。

当臀股坐在地。即以右手与左手一合。左脚趾头与右膝盖往里一合。左右脚后跟。即皆着地叱力矣。顶精往上一领。两腿随住一齐俱开。两足仆参一叱精。身即向西南起来。左手领住左足。足踏住地。右手擦地而上。如新月形。伸开胳膊。五指朝天。右膝屈住。向上顶。悬起来。身法皆向西南。内精。右手手掌向里侧棂住手。精由丹田至胁。至肩。贯至手指。与左手一齐往前冲上去。上顶他人颔下。右手犹往上冲。过头顶。右膝顶在他人裆中。左足立定。左手下垂。属阴。右手上冲。属阳。

第四十七势 朝天蹬

右足落地左足悬。上擎左掌蹬朝天。

达人若会其中意。好似金鸡一脉传。

何谓朝天蹬。手掌朝上。如马磴朝天。亦象形也。

金鸡独立毕。右手从右耳下去。垂下。右足向西北落下。脚心洼住地。左手领住左脚。亦如新月之形。上去。左手掌朝上。指展开如马蹬。故名。此着与上着内精。其中气自下而上。过中脘。逾天突。至百会。从后涉下。顺脊下去。至尻前且中弦之中。归丹田。其右手精。手握地从肘后上去。从肘弯外边至肩。至胁。归丹田。精皆归丹田之时。此精即发。由左边上行。至手掌与五指。所行之路与前不同。左手之精。由小胳膊上去。复从小胳膊下来。手至胁。不停。朝天蹬界至此。当左手上领时。左大腿股屈膝。亦上去。朝天蹬蹬腿界至此。为与下着相连。故画界分明。总之。心如此用意。身即随之。如此方能以浩然之气。浑灏流行。运转周身。上下与天地同流。阴阳之气。本是一气贯通。但所行之路不

同○亦各从其宜耳○断不可分成橛○手是一股精○足是一股精○中间中气又是一股精○此一本散为万殊○万殊归于一本意○

此兑卦之象○

第四十八势 倒卷红 重出 图见前

七言俚语

朝天镫。右手垂下。右足踏地。左手在胁落下。左足随住左手落下。即是倒卷红。左手与左足落下。右手即与右足涉上。更迭回转。圆如车轮。与前无异。内精。手掌精。过肘。由腋至肩。行至指甲。转一圈。两腿精。由脚后跟上行腿弯。至大腿根。下行过膝。至足指。亦转一圆。退行地位与前同。必待左手与左足到后止。

朝天蹬下倒卷红。左手先回快如风。

左手转回右手转。退行一气转鸿蒙。

第四十九势 白鹅亮翅

七言俚语

两手向右转螺纹。引进落空缕千斤。

双双擎如飞龙剑。胸前合住待平分。如人用千斤力来。我以手缕之。

倒卷红。左足落下。左手领住。右手涉到左边。两手先自北而下。由南而上。绕一小圈。然后右手领住左手。弯曲涉到北边。右足往北开一步。左足随之亦往北。立于右足边。脚尖点住地。亮翅界。至此。内精。手掌与中指根对照。顺转一圈。左小胳膊精。由肘尖上转至内肘尖。右胳膊由内肘尖上行至手指肚。下来至外肘尖。亦转一圈。此是分疏。合论之。心一动。上下。手足。中间精皆由气海丹田发出。或行于左。或行于右。至于手足之指。仍缠绕回去。归于丹田。与前无异。不必再言所行之路。故但言手与小胳膊之精。如何行走。举一以例其余。

第五十势 搂膝拗步 重出

此着与上着。分之则为两着。合之则为一势。

白鹅亮翅毕。两手从中心平分下去。左足随左手南开一大步。左手搂左膝过去。手至后脊骨。撮住指。腕朝上。右手从由右膝搂过去。由下往北上。转至南。至心口止。侧棂住手。中指与鼻相照。其初。手足一齐发动。中间一齐行走。至终一齐停止。顶精领住。裆精下去。两手。两足。两肩。两膝要一齐合住。内精见前。胸要合住。得含蓄精。

此坎卦之象。六爻皆动即变成离卦之象。坎是已成之象。

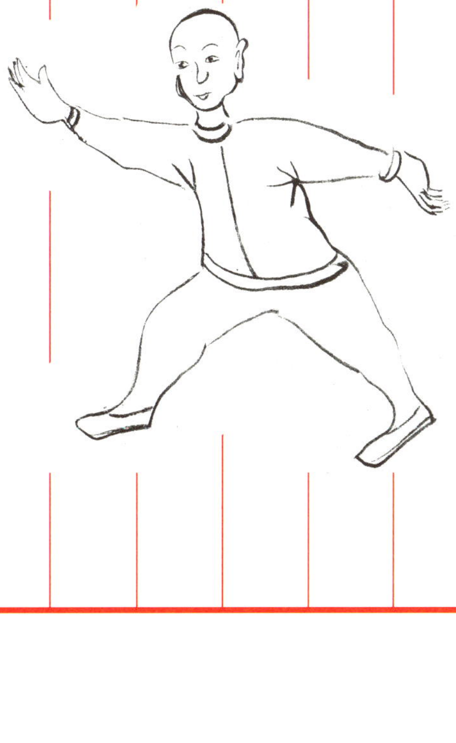

第五十一势 闪通背

五言俚语

何谓闪通背。拳法大转身。

卸肩先卸左。一气运如神。

闪通背。先将右足往里微收一二寸。然后以右手领住左足。亦往里收。收至右足边。脚尖点住地。是虚脚。当左足未收时。先以右手自上而下。由南而上绕一小圈。待手涉到上。然后右手从中间。自下而南涉至上。复从中间劈下去。手至足止。左手在后。展开胳膊。右手在前。随势涉上。过头顶。左足往西开一大步。右肩卸下。右手随住卸下。右脚随身法转。落至左足之西。右胳膊展开。顶精领住。衜下去。通身上下贯成一气。闪通背界至此。内精。全以右手领之。右手绕一小圈至下。内精即归丹田。右手涉起至头顶。内精亦上行至顶。顺脊而下至尻。待右手。右足至西边。内精含蓄。浑然不动。以待下着。

第五十二势 第五个演手锤

七言俚语

演手红锤合住打。打来还是膀力嘉。

锤精有力休用尽。浑身蕴蓄鬼神怕。

此处演手与他处不同。他处演手。左足在前。右足在后。蹬住不动。此处演手。从西合住。往东打。右足蹬住。也好。即随右手涉过左足之东。亦好。合住膀力。精由右脚后跟。上行过臂。至锤。全身精神皆聚于锤。

第五十三势 单鞭 重出

演手毕○右手与右足在东○左手在西○与右乳平○看住右手○右手自南往北合○左手自北往南合○左右指头○神情照脸○上下一齐皆合住○上下一齐皆用缠丝精○右手用精微往下斜刺○音七○顶精领住项○不可硬○亦不可软○胸要含住○腰要慈住○环跳与脊根一齐微泛起来○裆要开圆○上下○左右骨节皆要合住○皆要用缠丝精○骨节○手节○肘节○两肩○两膝○两足大指皆合住也○内精皆由丹田发○一行于左手○一行于右手○皆外往里缠○两腿亦是外往里缠○皆至指头○其合时○必左足收到右足边○脚尖点住地○拉开单鞭○两足须要沉重踏住地○至于主脑○全在心与眼○心神一动○说合○上下○左右一齐皆合住○合毕○左手从右乳前弯曲向西拉开○须用中气而行○此胳膊之中气○左足随住左手○向西开一步○待左手精走足○然后左足指方实在踏住地○精亦走足○左膝盖露出○撑住○右足向后蹬住○右胳膊微嫌背住○

单鞭必待闪通背身法大翻转过来○演手锤毕○左右手精合足○然然左手领住左足○向西拉开单鞭○左足

横不量向西展开。此着在太极拳中最平正。前后。左右。上下皆顾得住。不偏不倚。阴阳相停。金刚捣碓是太极阴阳初发动。极浑涵。极平正。故为第一着。除此以外。数单鞭平正。离中虚。实单鞭之本象也。

第五十四势　第三个云手

七言俚语

左右云来手无偏。双悬日月照中天。

横行休动将军柱。两翅风飞须自然。

云手。先以单鞭之左手。其意自北而南。先绕一小圈。左手领住左脚。领起全体精神。当左手领之之时。左手往上提。裆精下去。右肩松下。右手自东屈弯而下。肘往里收至胁。右足收到左足边。此右云手半着。右手从东至胁不停留。随势自胁往上。弯曲。向东云其右手。右手往东云时。左肩即松下去。左手从西自下弯曲往里收。至左胁。此左云手半着。左手至胁亦不停留。随势自左胁往上弯曲。向西云其手。左手往西云。左足随住左手。也是弯曲。往西开一步。此才彀一圈。文无直笔。拳亦无直势。左手与左足到西。右手至胁。右足收至左足。属阴。是收敛意。再向外云手。属阳。是开展意。至于右手与右足到东。左手上。右手同。更迭转环。如云之回环。皆螺丝文。故名。左右手更迭转。左右足亦更迭向西开步。问至何地位止。曰至前之高探马。其停止时。必待左手左足至西。方停止。不然。下着高探马接不住。必如此。则下着接来自不费力。此是过脉处。此处得势。下着势如破竹。每着各有起落。各有正位。与上着接处。是上着之终。本着之始也。与下着接处。是本着之终。下着之始也。上接是来脉。下接是去路。中间即是正位。仰承俯注。结构分明。自始至终。自然一气。何隔阂之有。

第五十五势 第二个高探马

七言俚语

赤兔乌嘴立虎牢。刘关翼德逞英豪。

温侯末与三员战。已服桃园探马高。

云手毕。左手在西。腕朝上。右手在胁。腕朝下。右足在左足边者。往东北退卸一步。左足随住右足。收在右足边。足指点住地。两膝盖露出。裆中撑圆。当左右足退卸时。两足右实左虚。左足点地。两手自上而下。退卸一尺四五寸。不停留。自下而上往西去。绕一大圈。两手涉到胸前。右手在上。腕朝下。左手在下。腕朝上。上边顶精领住。胸要含住。两腋不可夹。两眼看住两手。左右手转圈时。以右手领左手。以左手随右手。如人以两手捺吾左胳膊。其势不得不回。回。即引也。回。非空回。乃称住他人之手而回。是为引进之法。待吾引足。然后左胳膊忽然一转。是人落空之由。然其转贵神速。灵敏。人捺在胳膊何处。即从何处猛转猛进。是谓本地风光。不可强顶。亦不软接。强顶勿论不能打人。

即能打人。人亦不服。而况不能打人乎。软接。擎不住他人手力。必受亏矣。况左胳膊本笨。要得加倍

用功。时时运用。久则功夫纯熟。如其右手。笨者灵矣。谁谓宗庙之美。百官之富不能见乎。

两手领住转圈。满身筋脉皆随住转圈。胸含住。方能运用周身。裆精撑开。抱合住。要沉下。能沉下则

上掤不动。

第五十六势 十字脚

七言俚语

左手顾左右顾右。十字靠打正心口。

左手横扫敌人腰。右脚北摆真无耦。

两手排成十字。转身极有意致。

左手打其右脚。右脚横摆谁知。

先宁左脚后跟。右手西绕连臂。

一转即卸右肩。转。即转身。面向西转成面向东。十字靠打无比。

何谓十字脚。右手在下。左手在上。放成十字势。象形也。

十字脚。先将高探马之左足。漫在西北。脚尖能向东北且向东北。甚至不能。则向正北。以伏转身之势。机关全在放此一脚。此脚放不应。以下转身定然艰涩。高探马右手在上者。自北而下。往南放在左胁下。胳膊展开。高探马左手在下者。展开左胳膊。放在右胳膊上。手放右乳下。掌朝上。左手放毕。然后右腿向左边抬起来。去地二三尺许。左膝屈住。露出膝盖。左手自北而南。右足自南而北。待其对头。而以左手打其右足。右足不可落地。必待左脚后跟一拧。面向西者。身从西转过来。面向东。右脚始落在左足之南。十字脚界。只到以左手打右足止。以下是指裆锤前界。十字脚是指裆锤过脉。上下两着相连。故特分之。以清眉目。

第五十七势 指裆锤

七言俚语

二人对敌要留神。一胜一负判君臣。

让过风头须用膀。指裆一势定伤人。

何谓指裆锤。以我之锤。击人之旦。亦会意象形也。

上着十字脚。左膝微往下一屈。左脚后跟一拧转。全身扭转过来。面向东。左胳膊展开。复屈回。岔住左腰。右脚落左脚之南。左脚微向东北。开一大步。露出膝盖。右胳膊自下而西涉上。自西而东。往下向东。合到脸前。用右膀力与全身精神。俱聚于右锤头。眼神亦注于此。胸要含住。合住精。不可有横气。顶精领住。腰精劄下。裆精下去。又要开圆。两足要沉实踏地。裆间要虚灵。能虚则左扭右转。浑身上下。无不灵动。然其主在一心。心中不著一物。自然虚灵。心一虚灵。则全身无不虚灵矣。不然。上下。左右。前后必有受人之制处。背上本来死煞。尤不可令其少有滞气。

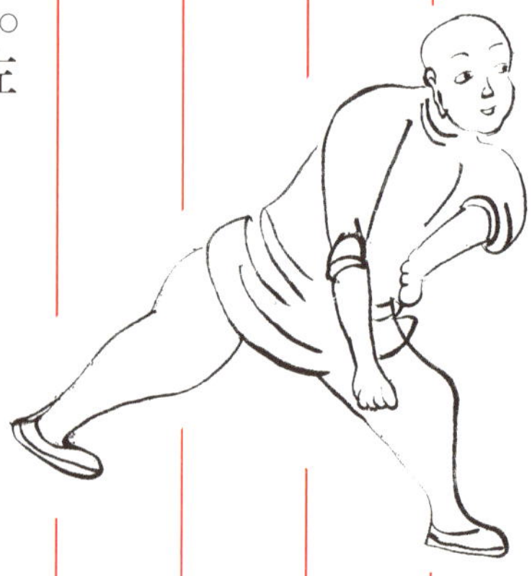

指捎锤○手背朝上○掌朝下○势如○群山万壑赴荆州○虽是空锤○不啻有千斤力气○胳膊微屈一二分○

前后虚实兼到○虽是实锤○而实中有虚○背虽是虚○而虚中有实○右胳膊微屈○不屈则下着转关不灵○

眼看住锤○心神无所不顾○是谓面面俱到○

第五十八势　青龙出水

七言俚语

翻身绳鞭百炼钢○青龙出水似腾骧○

海底一翻银浪涌○飞身云雾罩山冈○

不是青龙跃九渊○也同电影掣金鞭○

一道祥光飞至迅○始知太极见神拳○

指裆锤锤出去○似一条青龙从水中出来○亦象形也○

指裆捶○捶精走足○精神虚虚含住后○然后将手腕徐徐往上一翻○胳膊亦随住捶○向自己身边微引四五寸○自下往北绕○连引带翻○至胳膊肚朝上○捶头向脸前正东掷出○如疾雷一响○龙从水中跃出○势不可遏○捶领胳膊○半屈半伸○连转代进○翻转腕朝上○手背朝下○形如龙尾搅水○故又以黄龙三搅水名○此但形容捶肘之形○至于身法○右肩往下一卸○右半身随捶翻转○锤转一圈○身法亦转一圈○以右

手为主。右脚往东跃一大步。约五六尺许。右脚带左脚前进。以右脚为主。右脚落地。左脚落在右脚西。脚尖点住地。当右拳翻转进东。左胳膊展开。及右脚落地。左手折到心口含住。全身之精。无不自下而北。至上往前。精至于上身。即随拳至前矣。上与前紧相连。非精至上而后身跃于前也。上下总要一气贯通。

第五十九势　第七个单鞭

七言俚语

青龙出水最为难○此是临终又一鞭○
前伏后应原相照○中正无倚自不偏○

右足落地后○右手自南往北合○右脚亦然○左手自北往南合○左脚亦然○合毕○然后左手从右腋掏出○自下而上○自东而西○拉开单鞭○右手背住精往后走○左手往西走○左足向西开一步○左右手足○皆用缠丝带弯曲意○亦带新月形○须得中锋精○眼看住左手中指○顶精领住○身要端正○胸要得含蓄意○虚虚合住○裆精开而合○脚步要稳○中气之在胳膊中者○不偏不倚○中道而行○其行也○左手在右胁前○去身五六寸○手腕朝下○慢慢由下而上○左手腕带运带转○手至上○上不过额○此正本着转关处○手腕向北○无停机○徐徐向西运行○胳膊运行至七八分○手腕朝下○其发端○左手先转一小圈○要

速。其运行。左手向西。右手背折向东。发则一齐俱发。止则一齐俱止。左手展开。右手束住。眼看住中指。胸中华盖两旁。划然分成两橛。两手领住两半个身。心机一动。两手一顺一逆行走。顺则属阳。西行也。逆则属阴。东行也。裆精不可擘。亦不可夹。腿岔开。臀股泛起来。内精由何发。前已屡言之矣。上下。左右内精十分走足。然后一齐合住。方可略一停止。

第六十势 铺地鸡

七言俚语二首

闲来无事看金鸡。一腿展开印雪泥。

多少佳情形不尽。屈从右腿向君题。

其二

手似弯弓腿似弦。束身后坐贵精研。

花铺满地如锦绣。稳坐风尘眼注前。

何谓铺地鸡。如鸡在地上。两翅舒开。一条腿屈住。一条腿展开。亦象形也。

以单鞭之后手。往后一提。即坐在地上。右腿屈住。左腿展开。左手在前腿里边。用弯弓意。右手在后。展开胳膊。两膝皆朝上。界至此。

第六十一势　上步七星

七言俚语

后肘拳屈前肘弯○仰观北斗七星悬○
上提宛似捣碓势○前伏后应月光圆○

其二

第一金刚意最虔○中间两个立无偏○
到此一着最为末○中权后劲太极拳○

其三

上提一步即金刚○北斗七点耀星光○
四面辉煌皆旋绕○天枢不动据中央○
何谓上步七星○左胳膊展开○右胳膊屈住○是铺地鸡○上掤像北斗七星形○此是七星上半势○左脚在本

位不动。右脚从后半舒半屈往前上步。与左足齐。是虚步。上步时。眼看住左手。顶精向前往上一领。左手亦向前往上一领。右手在后。亦是从后自地握上。亦是向前。往上一领。两足后跟一齐合住精。向地吃气蹬。往上领。全体精神一齐向上提。形如北斗。中气贯住。如北辰。手足之形。如北斗。周围神气。如众星环绕。故以七星名拳。身在地上。是为铺地鸡。身往上起。是为七星拳。左手往上一提。右手从后自下向上。手从左手外绕一圈。拳落左手中。右足随住右手。往前上一步。与左足齐。形与金刚捣碓同。与前金刚捣碓着着相应。用法。人以中平枪札我。我以铺地鸡往下一落。手捋枪。人一撤枪。我即随枪而起。右手从下兜裆一锤。其围即解。此震卦象也。

第六十二势 下步跨虎

七言俚语

平分两手泛下尻。蝟缩微躯似玃猱。

右手上擎如山压。左肱下跨猛虎牢。

裆中宛似圭璧势。慧眼仰观手背高。

偷脚转身皆峻险。心机一动服儿曹。

上手属阳下属阴。中间灵气贯一身。

心机一动全身动。左足点地岂无因。为此脚一转。全俱转。是伏□。

何谓下步跨虎。右足往后卸一步。左足点住地。右手在上如擎天。左手在下。屈住胳膊。如跨虎。亦象形也。

七星拳毕。两手从胸间平分而下。右脚往后退一步。脚实踏地。左脚亦往后卸一步。脚尖点住地。以伏下着来脉。身法下去。愈小愈好。裆精下去。要开圆。要合住。不可夹。裆非大开。必不能如傀儡矮人。两足一虚一实。并在一处。此所以大开裆之难也。而务必开。非恨屈两膝不可。右手自平分后。面向西北。右手从下而后。往北边绕上去。落在囟门之上。去囟门五六寸许。右胳膊上如有重物压住。左手自平分后。左手自上而下往后。从南绕过来。落在左胁后。手腕朝上。束五指。左胳膊弯住。如跨一大物。

左右手精。言手。而胳膊在其中。外方内圆。紧紧抱合住。眼神注在右手背中指。精神俱团聚于此。身法。上半身往上提。下半身往下下。上下实处。皆寓于虚。惟虚则灵。灵则人莫如我何矣。

要此着。每犯十样病。

胳膊不可太直。直则上面顾不住头颅。其病一也。

左手在后要合住精。合不住精。一则散涣。神不凝聚。一则与右手呼应不灵。神情不照。其病二也。

或左右足相去太远。不如此裆不开。并足裆开又不能。其病三也。

或两足并在一处。也知一虚一实。足并住。裆夹住。固不能开。即能开。又不能合住精。其病四也。

或硬往下榻足。顶精不领。强使裆开。强则硬。硬则不和。不和则不灵。不灵不足以应万物。其病五也。

或顶精亦知领起来。两腿未用缠丝精合住。裆虽亦开。但能开之已耳。非开中有合。合中有开。开则属阳。合则属阴。非阴阳互为其根。不能开合并见。即使能开。亦。不过中间列一道小缝。必不能裆大如斗。稳如太山。其病六也。

一身精神。全在于眼。眼之所视。即神之所聚。右手上掤。左手下合。一眼戏定右手中指。两肩松下。两胳膊撑圆。上下皆用缠丝精合住。才算得一着。若不用心。右手在上。视而不见。他处心亦照顾不住。其病七也。

或腰精未能劄下至丹田。下至中极。因而胸中横气不能下。胸中少留一点横气。必滞涩一片。不能空灵。其病八也。

腰精劗不下下。惟前胸合☐住。即臂后亦多有滞气。何则不往前合。不行。合住前头。顾不住后头。此

顶精☐☐☐☐胸中未得含蓄精。何谓好。不过不及。过则不失于硬顶。即失于上悬。不及则下掤往下榻

足。领不起全体精神。中气亦贯不住。中气贯不住。不偏于南。即偏于北。胸亦合不住。合不住胸。

焉得有含蓄意。此不能劗下腰精。其病九也。

或屁股下坠。未能泛起来。泛不起则下身沉重不灵动。自然合不住裆口。脚底无力。立站不稳。自己先

站不住。何待他人侵凌而后跌倒乎。此屁股不能泛起。其病十也。

具此十病。焉能浑身上下。虚虚实实。皆能合格。究之受病之由。皆由于不用心。徒务乎外。不揣其

中。妙处不懂。是以百病从生。不可枚举。久之受病根深。不可医药。何谓合格。上边两手平分而下。

右胳膊从后转过来。涉到上头。胳膊似蛾眉势。手背朝后。内精自丹田发。缠至手指。是阳精。左手自

平分后。精亦用缠丝精。至左手指。是背折精。属阴。此两手之精。两眼上翻。俱戏于右手背中指。此

明眼之所向。左手自分下。外往里合。束住五指。与右手相呼应。明右手法。顶精领起来。领顶精。非硬住项后筋之谓。中气上至百会穴。下至中极。心意往上一提。顶精即领起来。不可过亦不可不及。至当恰好。中间中气。不偏不倚。此明顶精法。胸要合住。问何以合。中气微向前□一二分。胸即往前扣合住。不可过。过则前俯。不可不及。不及则仰。仰则横气易集。最难最难惟适得其中。胸自合得好。亦能含蓄住。此明合胸法。脐下丹田。上边横气俱降于此。以至旦。借字。后任脉督脉之交中极穴处。指示的确。横气集聚于此。化成中气。此说。是所以然。即为真精结成一块。顺则为中气。逆则为横气。此明气法。俗所谓。千金坠。然所谓中气上下贯串。无所不至。说上。上至头顶。手指头。说下。即至足底。脚指。说行四稍。一齐俱到。说归气海丹田。即一齐俱归气海丹田。或先收一处留住数处。一处即归丹田。数处仍在故所。或先收数处留一处。数处即归丹田。一处中气结成一块极其活动。非□练功成不能。此明中气。中气到足。足自沉重。如土委地。如山峙立。不可摇撼。问裆何以□□阴卵中间。中气真精俱降于此。能用此精。旦两旁一撑。腿根自然离开。此处□□□膝自然开得尺许。即开即合。即合即开。此是阴阳互为其根。即太极之元何以⧄⧄⧄⧄合之。两大腿与两膝盖形虽向外分。而其意却用抱合精抱住。⧄⧄缠⧄⧄里缠不可。此明精合与膝盖合法。

以下是明足法。一身⧄基全⧄足。足一轻浮。身即⧄⧄⧄⧄踏地要稳当。脚后跟与大趾。外往里合。用住精。此处一合。足之外腓皆外⧄⧄⧄⧄足心洼地。自有力矣。右足踏地。是实脚。左足足趾点地。是虚脚。以伏下着之脉。⧄⧄与右足相去二三寸许。下掤两足。虽外往里缠。用缠丝精。却兼用下往上缠。缠⧄⧄根。大腿小腿皆是外臁往里合。此明足与腿精。上边右胳膊。由气海。至腋。至肘。至指。外往⧄缠。至指头。阳精。又从指头折回。缠至腋。归丹田。是阴精。是阴阳并用。互为其根处。此⧄胳膊。上下处处。俱已指点明白。其运用在一心。心力一用。五官百骸。各如其位。听心使用。此谓合格。合格者。中规矩之谓也。且心力一用。上下四体。一齐俱到。非有先后彼此之殊。运官者气。所以运官者理也。气非理无以御。理非气无以行。理与气一而二。二而一也。非自功夫中来。不能理实气空。不空则不灵矣。不灵自不能左右咸宜。不能左右咸宜。至于受制时候。反谓此艺不教人。即教人。必留

三着两着○此以小人测君子腹也○所难者○功夫耳○能下功夫○不使间断○自然久道▨成○此所以恒之为贵也○

第六十三势 摆脚

七言俚语

两手合抱又向西。再将右足往上提。此着是回应前之摆脚。

一来一往横空摆。纵遇能诗也难题。来者言足。往者言手。

摆脚。重出。前已言之。此处。上着跨虎。右手上掤。眼看手背。胳膊似动不动。其实随身而动。左膝屈住。向西北漫一步。足后跟一拧。自西北转到正北。又转到面向南。身法随左足自北而东。而南止。右脚自东而南。转向西。落左足西。相去七八寸许。上面右胳膊展开如蛾眉。手背向里合。手掌向外泛。前之左手束者亦展开如蛾眉。手背朝上亦向里合。两手相向一合。手掌皆向北泛足。然后右脚向东抬起。去地三尺。自东横空向西去。两手自西向东去。手足相向。行至中间。以左右手横不量打右脚□□。打毕。是摆脚正□。至两手到东南。右足到西北。后界至此。此着与跌岔之摆脚□□□□□□。

第六十四势 当头炮 亦名护心拳

七言俚语

阖辟刚柔理循环○抑扬动静顺自然○

当头一炮胸前蓄○成功还自□□拳○

其二

阴阳变化运无穷○百岁辛勤不尽功○

纵炼此身成铁汉○谁能跳出太极中○

四言

当头一炮○收我全功○

豁然一贯○妙手空空○

五言

太极理循环○相传不计年○
此中有精意○动静合自然○
收来皆为引○此言引法○放如箭离弦○此言打法○
虎豹深山踞○静○蛟龙乐深渊○动○
开合原无定○活的○屈伸势相连○有定也○
循序能渐进○纯熟得真铨○
空谈皆涨墨○功苦最当先○
火到纯青候○乐趣自无边○
如云超象外○一笔化云烟○太极归到无极○
造诣能至是○当世活神仙○

何谓当头炮○以拳击人○犹以炮击前敌也○护心拳□□□□下步跨虎○转过身○面向南○与第一势对住脸○作为□□□□严密○无懈可击○□□□北○左手在南○右乳间○左右肘○各向外○右手与肩平○右手掌从下微向北翻○左掌□□从向南翻○右腿抬起○南往北去○左右手北往南去○打其右足○与前摆脚实相照应○右脚从左脚西落下○随势开一大步○落到西北○左右手摆罢脚○两手从右胁卸下○与脚一齐○其卸也○自南而北○自上而下○复自北转到南○转、大圈○左拳在前○右拳在后○相去尺余○两拳合住○拳与心平○顶精领住○两肩扣合住○胸合住○腰精劄下○裆精下去○裆开而合住○屁股泛起来○两膝合住○两足心洼住地○足趾○外腓○后跟用缠丝精合住○实踏在地○极其沉重○人之一身○心为主○倘无护持○心一失惊○则手足皆无所措矣○太极之理○根于心○运官骸者气○而所以运官骸者○皆心使之○宰此心者○实太极之理○圣人以此理著之于书○曰元亨利贞○曰仁义礼智信○使人以气行之○后人以此理运之于身○曰掤捋挤捺○曰阴阳开合○着着皆不离太极循环之圆圈○而实以气行吾太极之理○官骸非心无所主○心非官骸无以护○此两相▲▲也○故始以金刚捣碓先护心○继以千变万化护其身○终以当头炮仍护其心○始终以护心为主○一心镇定○则全身皆镇定矣○至于阴阳变化○皆因易之取象而衍之○非敢妄有所为○眩人耳目○识者谅之○此拳以理胜○非以气胜○功久自知○

顶精为阳○底精为阴○身之上半为阳○下半截为阴○此形迹之阴阳也○至于运用之法○动则为阳○静则为阴○或动中有静○是为阳中之阴○静中有动○是为阴中之阳○要皆互为其根○不能分成两橛○即间有单令言阴言阳者○是因其所主者而言之耳○至于主中有宾○断无离开之说○阴阳部位情理○前已言之○今又复述○无乃赘辞○然前言之○欲人未下功夫○先明其部位之理○当遵此法用功○今既用过功夫○故再言之○欲人验其部位中之实理○功夫果能到升堂入室地步○不必讲阴阳○其一动一静○自合阴阳○至此则吾所谓太极拳诀窍○开合○二字尽之○当信吾言不虚矣○学□□□□□□□□